古代青銅鏡のDNA＝鋸歯文

青銅鏡に刻まれた古代人のメッセージを読み解く

前　義治
田岸昭宣

目次

まえがき

日本の古代史を彩る謎の一つに青銅鏡がある。

魏志倭人伝に、景初3年（239年）に邪馬台国の使者に銅鏡100枚を下賜したと記されている。それが、古墳に副葬されて現在までに発掘された三角縁神獣鏡であるというのである。

しかし、発掘された銅鏡は数千枚もあるのであるから、100枚では間に合わないので、残りは日本でまねして作られたという。これを仿製という。

しかし、三角縁神獣鏡は、中国からはまったく出土していない。したがって、生産地は中国ではなく、日本国内ではないかともいわれてきた。

しかし、三角縁神獣鏡は巧緻で、かつ中国文の銘が入っており当時の日本人がこなせたとも思えない。

この矛盾を解決できる案が、王仲殊さんという中国人学者から数十年前に提案された。

すなわち、中国人の鏡職人が日本に渡来し三角縁神獣鏡を作ったというものである。三角縁神獣鏡には、陳是作とか陳氏作とかいう作者銘が入っているものがあり、この説を裏付けしているように見える。

また、中国で発掘された魏晋鏡の一部は、外周突線などの形態が、中国鏡より日本鏡に似ているものがあるのである。したがって、中国で試作品を作って、それを置き土産にして、日本に渡り、本格的に製作したと推理することは、すでに可能である。

しかし、現実にはそうはなっておらず、三角縁神獣鏡は舶載品と仿製

品の2種類があることになっている。

三角縁神獣鏡には鋸歯文というのがある。のこぎりの歯のような小さな二等辺三角形が円環上に多数並んだものである。これを見て、鋸歯文は円環上に乗っているため、余りを出さないように、どのような計算をし、そのとき、円周率を使ったのかというような疑問を著者たちは持ったのである。そして、鋸歯文の研究がすでにあるかと思ったが、どうやらないこともわかった。そして何もわからず鋸歯文の数と形と配置の測定を開始したのである。コロナ禍と同期する4年程度の研究期間であったが、始めたときには予想もしなかった結果に到達した。それをここに報告させていただく。

鋸歯文は鋸の刃のような三角形を多数円環上に並べたいわば丸鋸の歯のようなものである。これが、通常100以上も環状に並んでいる。学生時代、製図を不得手とした著者の一人は、これを見ると製図をすることすら恐怖を感じる。ましてや鋳型を製作し、鋳物を作るなんて、とんでもない話である。この鋸歯文の形状を300枚以上調べた現在の状態での感想は、昔の工人は驚異的な忍耐力と器用さを持っていたと想像されるが、やはり多少の合理化を行って、鋸歯文の共通化を行ったのではないかということである。現在の部品の共通化とおなじ考え方である。すなわち、同じ形状の鋸歯環を複数の鏡に使いまわしたのである。それには、あるいは鋸歯環を共通にすることによって、それらの鏡が、わざわざ作者銘を入れなくても、自分の製作した鏡であることを示すひそかなメッセージとしようとした意図があったかもしれないのである。したがって、後世の我々は、それを読み取る責務が

あるのではないかと感じるのである。そして今、やはり、昔の工人は、鋸歯文に自己の作品であるというひそかなメッセージを入れたのであることを実感として感じるのである。結論的には、鋸歯文は青銅鏡を同定するいわば暗号や DNA のようなものである。鋸歯文を測定して、多数の鏡のそれらと比較すれば、一致する鏡があるのである。そのような鏡は基本的に同一工人作である。鋸歯文がいかに青銅鏡を識別する暗号や DNA であるかを以下に述べることとする。

三角縁神獣鏡論争の経緯

本書の趣旨を理解していただくためには、多少いままでの論争の経緯を理解していただく必要がある。

本などに書いてあることをまとめると以下のようである。

三角縁神獣鏡は、鏡の縁の断面が三角形上になっている鏡である。それが魏志倭人伝に出てくる魏帝から倭人に下賜された「銅鏡 100 枚」の鏡とされたため有名になった（倭人争乱　田中　琢 p219）。

しかし、三角縁神獣鏡は中国からは 1 面も発見されていないため、中国製ではないという反論がなされた（同上 p228）。

さらの、中国の工人が日本に渡来して、日本で三角縁神獣鏡を作ったという説もなされた（同上 p229）。

三角縁神獣鏡中国鏡説の側からは、なぜ日本にだけしか出土しないのかという問題には、中国の皇帝が倭国に下賜するために特別に鋳造させたといういわゆる「特鋳説」が唱えられた（同上 p 232）。

また「長方形紐孔」と「外周突線」のような鏡の形状の特徴から、三

角縁神獣鏡は山東省から渤海湾沿岸地域の魏晋鏡と共通することも突き止められた（鏡の古代史 p153）。

さらに河北省から出土した方格規矩鏡の銘文が静岡県の松林山古墳出土の三角縁神獣鏡とまったく同じ銘文であることがわかり、三角縁神獣鏡の中国製説が有力になった（鏡の古代史　辻田淳一郎 p154）。

銘文の筆跡も検討されているが、同一人物によって書かれたという結論は出ていない（シンポジウム三角縁神獣鏡 p55）。

三角縁神獣鏡には、銘文や製作年（紀年）や作者名が書かれている例もある。例えば、福知山市広峯 15 号墳出土斜縁盤龍鏡では、「景初四年・陳是作、云々」と製作年、作者名「陳是」が書かれている。景初 4 年（240 年）に陳是がこの鏡を作ったことをのべている（邪馬台国と大和朝廷　武光誠 p174）。

このような銘を持つ鏡は中国で作られたとするのがもっとも妥当のようであるが、日本に渡来した中国人工人が作ったとも考えられる（同上 p175）。

このように、三角縁神獣鏡の話はどっちつかずの話になって、長く論争が続いているが、中国鏡説と、渡来人による日本製説に分かれるような気がする。

どちらが本当なのであろうか。先の、中国鏡と日本出土鏡の銘文の筆跡が同一かどうかは明確でないと述べたが、本書の説では、それは同一であることになる。しかし、三角縁神獣鏡は日本でのみ作られたことになるのである。

1. 同環鏡の発見

1.1 鋸歯文への注目

青銅鏡には円環上に二等辺三角形の鋸歯が細かく均一に並んだ鋸歯文がある。余りを出さないように、円環上に均一に二等辺三角形を並べるためには、数学的知識が必要である。また、円を描くには、規と呼ばれるコンパスのような治工具も必要である。絵模様は、フリーハンドで書けるが、鋸歯文はこのような数学的および工学的な制約がある。そのため、鋸歯文には、独特の規則性があるのではないかという予測のもとに、筆者らは検討を開始した。

青銅鏡の鋸歯文の鋸歯環の形を決めるものは、**環径**と、鋸歯の二等辺三角形の**底辺長**と、高さと底辺長（底辺の長さ）の比である**形状比**の3者である。これらを図 1-1 に示した。

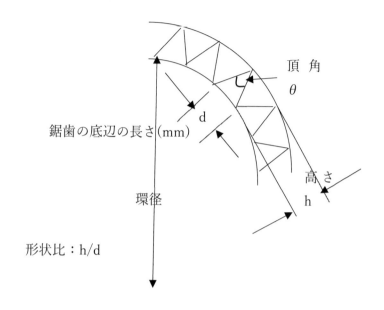

図 1-1　鋸歯の形状比と底辺長の定義

これらを、ランダムに選んだ鏡について測定し、鋸歯環の環径（鋸歯環の内側の環の直径）を横軸に採り、形状比と底辺長をそれぞれ縦軸にとって図上にプロットすると、それぞれの鏡に特有の曲線を描くことを発見した。しかし、その形状から定量的な傾向を読み取ることは困難であることも認識された。

しばらくすると、複数個の鏡のデータを並べて比較すると、横軸の環径が同一の鏡が多くあることに気がついたのである。円は規（コンパ

ス）で描くため、規が同一であると、必然的に同径の円弧を描くことになる。当時のコンパスは、多くの場合、今のコンパスと違い固定式であったであろうから、一つのコンパスで一つの円弧しか描けなかったと考えられる。したがって、同じコンパスで作られた、すなわち円環の径が同じ、別々の鏡が存在することになる。可動式のコンパスでも径が同じ円環を描くのは意識的に行うことになり、同一の径は同一の作者を示すことになる（それほど強烈ではないが）。

この環径と鋸歯の形状が、製作地によって異なっていれば、それで製作地を同定できる可能性が生まれる。

実際に、環径対形状比、環径対底辺長の図を描くと、中国出土鏡（中国製と考えていいだろう）と日本出土鏡（特に陳是・陳氏銘鏡）に違いが見られる。

しかし、この方法は、中国鏡と陳是・陳氏銘鏡の図上の領域をどのようにみるかという主観の入る判断であり、説得性にとぼしいことも事実である。したがって、この問題は保留として、さらに新たな手法を検討することとした。それが「同環鏡」論である。

ここまでの話は、既刊の『青銅鏡の鋸歯文の探求と卑弥呼の謎』（2021年、ブイツーソリューション）で詳しく述べた。本書はその続編である。

1.2　「同環鏡論」の提案

既に述べたように青銅鏡の鋸歯文を、多くの鏡に求めて、相互に比較すると、種々の共通点に気がつく。まず、環径が同じものがある（同

径鏡と呼ぶ）。中国出土鏡にも、日本出土鏡にも、多くの環径が共通する鏡（同径鏡）がある。特に日本出土の三角縁神獣鏡は、すべての鏡で、1環以上で、他の鏡と環径が一致する。これらは、同じ規（コンパス）で作られていると考えられ、同一工人あるいは同一工房作品と考えられるかすかな根拠となる。

さらに、進むと、底辺長まで、一致するものがある。環径が同じで、底辺長が同じであれば、鋸歯環の全周に乗る鋸歯の数が同じであるので、それらの鏡を**同数鏡**と呼ぶ。

さらに進むと、形状比まで一致するものがある。すなわち、鋸歯環全体がまったく同じ（幾何学でいう合同）ということになる。これらを**同環鏡**と呼ぶことにする。

この同環鏡が、かなりの数あるのである。ここまで、条件が一致すると、それらの鏡が同一工人、同一工房で作られたという動かしがたい証拠となるだろう。

なお、これらの同径鏡、同数鏡、同環鏡は、鋸歯とそれが乗る環についての定義(特性)であるから、内区文様(方格規矩、神獣像、画像、画文、半円方形、環状乳)に依らない。また、外縁形状(平縁、斜縁、三角縁)にも依らない。言い換えれば、鏡式に依らない。更には、鏡径(鏡の大きさ)にも依らない。まったく他の因子に従属していない、独立した主観に依らない客観的な変数である。

したがって、この鋸歯文の研究は、いままでの青銅鏡の研究とは無関係な独立した研究なのである。著者たちは、現在約350面の鏡の鋸歯文を測定している。さて、**それでどのような結果が出るのであろうか。**その結果、相互の関係が同径鏡、同数鏡以上に密接な同環鏡がかなり

の数ではない、極めて多数あることがわかった。

ある鏡の同環鏡を調べれば、その鏡の出自を調べることができるかもしれないと考えられる。

鋸歯文を測定した鏡は全体で約 350 面、その中で、中国出土鏡は約 70 面であった。

1.3　同環鏡研究の推移

そもそも同環鏡の存在に気づいたのは、中国古代鏡の鋸歯文の測定のときである（拙著：青銅鏡の鋸歯文の探求と卑弥呼の謎 p 110）。

中国古代鏡で、環径が一致する鏡の組が認められた。それらの中でさらに、底辺長まで一致する鏡が認められた。それが、環径 170 ㎜で形状比が一致する 165 佐賀桜馬場方格規矩鏡、166 永平元年（64 年）尚方作鏡、167 岐阜城塚青盖鏡の 3 面であった（鏡の名称の前の数字は通し番号）。

本研究では、約 350 面の鏡を調べたが、鏡の名称は複雑でかつ一定しないので、それらに、こちらで勝手に通し番号をつけた。その通し番号を鏡の名称の前に付して以下示すこととする。また鏡の通し番号のみで簡略に示すこともある。

さらに、165 と 167 は形状比まで一致したのである。すなわち、鋸歯環全体が全く同じ形状なのである。幾何学でいう合同である。

その状態を下図に示した。**丸印のところで、環径、形状比、底辺長が**

一致する。これが、同環鏡の印である。

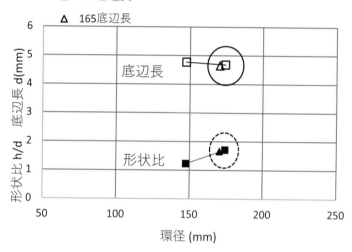

(167,165)の形状比と底辺長

—■— 167岐阜城塚青盖作獣帯鏡(形状比)

▲ 165佐賀桜馬場尚方作方格規矩鏡 （形状比）

—□— 167底辺長

△ 165底辺長

図 1-2　165 佐賀桜馬場方格規矩鏡と 167 岐阜城塚**青盖作**獣帯鏡の
形状比と底辺長

下の写真に本書での同環鏡同士の、同環である鋸歯環の表示の仕方を
示した。

同一の縮尺で、中心を縦にそろえた二つの鏡を用意する。

鏡の中心を結び直線を描く。その直線を一辺とする長方形を描く。

その長方形の別の二つの頂点が同環である鋸歯環に触れるようにす

る。

同環であれば、自動的にそれら二つの頂点は同環である二つの鋸歯環に接触する。

それが、同環である鋸歯環を示すことになる。

それらの環の鋸歯を見れば、同環であれば合同であり、同数であれば底辺長が同じである鋸歯を、視覚的に確認できる。

長方形の水平の辺の長さが同環の鋸歯環の半径を表す。

　（本書の以下の写真は学術論文と Wikipedia から借用させていただいた）

165 佐賀桜馬場**尚方作**方格規矩鏡（鏡径 232 ㎜）

167 岐阜城塚**青盖**作鏡（鏡径 203 ㎜）

167 の第1環で1環の 165 の環と環径、形状比、底辺長の3者が一致
する。同環である。同じ中国の尚方作であるので、同環であることは

肯ける。既に鋸歯環の共用は中国で行われていたのである。

本研究の初期のころから同環鏡の存在には気づいていた。しかし、それは例外的で、青銅鏡の出自の判定には、一般的でないと思いこんでいたのである。それが、どのようなきっかけであったのかはもう正確には思い出せないが、2021 年の 9 月頃、ランダムに鏡の鋸歯文データを比較しているときに、意識し始めたのである。

1.4　同笵鏡の鋸歯文の比較

上記の図は一致していないのではないかという指摘もあるかと思われるので、鋸歯文の一致の精度はどの程度であるかを、検証してみることとする。銅鏡には同笵鏡というものがある。これは、同一のモデルから砂型を起こし、複数個の鋳物を作る現代の鋳物工業と同様に、同じ製品を作った鏡のことである。同一鋳型を繰り返し使って作った鋳物を本来はいうらしいが、砂型（粘土型）を繰り返し使うことは不可能のであるから同一モデルから作られた鏡をここでは同笵鏡と呼ぶ。
その同笵鏡を調べれば、鋸歯文の一致の精度を検証できる。

(2, 59, 60)

銅出徐州銘のある同笵鏡の 2、59、60 の鋸歯文データを下図に示した。底辺長はよく一致しているが、2 の形状比が大きめに出た。

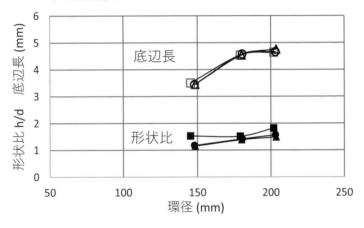

図 1-3　同笵鏡 2, 59, 60 の鋸歯文データ

(20, 39, 180)

「吾作甚獨奇」銘のある同笵の 20、39、180 の鋸歯文データを下図に
示した。20 と 180 はよく一致したが、39 は少しずれた。

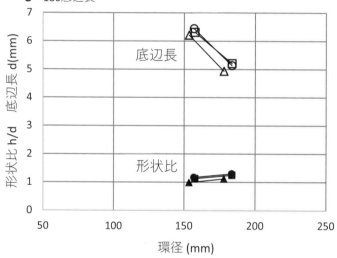

図 1-4　同笵鏡 20, 39, 180 の形状比と底辺長

(55, 56, 57, 318)

陳是 4・陳氏作の三角縁神獣鏡の同笵鏡である 55, 56, 57, 318 の鋸歯
文データを下図に示した。一致はかなり良いと考えられる。

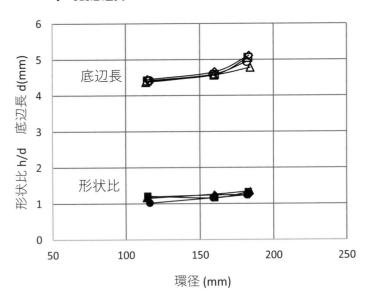

図 1-5　同笵鏡 55, 56, 57 , 318 の形状比と底辺長

$(80, 199, 321)$

吾作銘の三角縁 4 神 4 獣鏡の同笵鏡である 80, 199, 321 の鋸歯文デー
タを下図に示した。331 の第 3 環の形状比を除いてはよく一致してい
る。

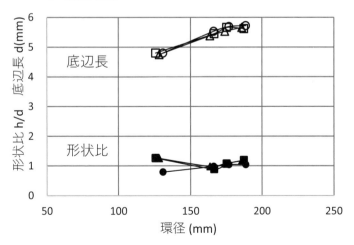

図 1-6　同笵鏡 80, 199, 321 の形状比と底辺長

以上のように同笵鏡の鋸歯文データはおおむね重なる。環径および底辺長で最大５％、形状比で最大 10%の範囲内に収まる。同環鏡もこの範囲内であるものを同環とみなすこととする。

1.5　同環鏡の組織的探索

同環鏡は、鋸歯環の環径、鋸歯の形状比と底辺長が同じ鏡同士である。これは、別個の工人や工房がお互いに無関係に鏡を製作した場合には、まず起こり得ないことである。同環鏡同士は、同一工人あるいは同一工房、あるいは、手本として、鏡を意識的に模写した場合のみに起こることである。

したがって、鋸歯環が同環であると、それらの鏡は、多くは、同一工人作あるいは同一工房作ということになる。

鏡の図像は異なっていても、鋸歯環が同環であれば、同じ作者の作品ということになる。これは、いままでの、鏡の出自の判定法にない画期的なことである。

したがって、ある鏡の出自を知りたいと思えば、その鏡の同環鏡を、できるだけ多くの鏡のなかから見つけ出せばよい。

いままでは、偶発的に発見された同環鏡を議論してきたが、これから以降は組織的探索が必要であることが認識された。

それには、どうすればいいか。

現在、350 面ほどの鏡の鋸歯文が蓄積されている。この 350 面の鏡の鋸歯文を突き合せて比較した。

その結果、驚くべき事実が明らかになったのである。

以下にそれらを述べることとする。

２．紀年銘鏡の同環鏡

青銅鏡には、製作年代を記した紀年銘鏡がある。日本出土の紀年銘鏡は顔氏銘の青龍３年銘鏡を除けばすべて製作者の陳是銘がある。

日本出土の紀年銘鏡の同環鏡を調べれば、同環鏡の製作年代とそれが陳是作品であることを証明できると考えられる。

これら日本出土紀年銘鏡の鋸歯文データを中国鏡も含む約 350 面の鏡と突き合せて、各紀年銘鏡の同環鏡を探索した。

紀年銘鏡全体の鋸歯文

本書で調査した日本出土の紀年銘鏡５面を表 2-1 示した。

表 2-1　日本出土紀年銘鏡

日本出土紀年銘鏡				
通し番号	略称	鏡径(mm)	環数	作者銘
24	安満宮山青龍３年（235 年）銘方格規矩鏡	174	2	顔氏
98	景初３年(239 年)神原神社**陳是作**	230	2	陳

19

	三角縁同向式神獣鏡			是
91	景初3年239年大阪黄金塚 画文帯同向式鏡	233	2	陳 是
100	景初4年広峯**陳是作** 斜縁盤龍鏡	168	1	陳 是
12	正始元年（240年）高崎**陳是作** 三角縁同向式神獣鏡	226	3	陳 是

2.1　24安満宮山青龍3年（235年）銘方格規矩4神鏡の同環鏡

24は安満宮山青龍3年（235年）銘の方格規矩4神鏡である。
350面の鏡の中で、抽出した同環鏡9面を下表に示した。以下同様である。

表2-2　24安満宮山青龍3年（235年）銘方格規矩4神鏡の同環鏡

24安満宮山鏡（鏡径174㎜）の同環鏡（環径151,129㎜）				
通 し 番 号	略称	鏡径 （mm）	同環の 環径 （mm）	出 土 地 *

21	安満宮山**陳是作** 平縁同向式神獣鏡	176	151	
126	山梨大丸山 三角縁日月獣文帯 3 神 3 獣鏡	170	129	
239	鴨都波① 斜縁 2 神 4 獣鏡	185	129	
245	鑑堂**龍氏作** 神人竜虎車馬画像鏡	201	151	
262	**聖仏鎮** **円圏規矩鳥文鏡**	155	129	中国
290	雪野山 三角縁唐草文帯 4 神 4 獣鏡	242	129	
323	椿井大塚山 29 波文帯盤龍鏡	245	129	
327	西求女塚 3 号 三角縁 3 神 5 獣鏡	225	151	
335	太田南 5 号**青龍 3 年銘** 方格規矩鏡（同笵）	174	129, 151	

　＊　本書では、「出土地」の「空欄」は「日本出土」を意味する。

三角縁神獣鏡を中心に 9 面の同環鏡がある。

その中で、重要なものを取り上げて概説する。

括弧内に鏡の通し番号を並べて示した。最初の番号が同環鏡を探した

鏡であり、最後の数字が発見された同環鏡の番号である。

(24, 21)

24 安満宮山青龍 3 年（235 年）銘方格規矩鏡は同じ安満宮山古墳出土の 21 陳是作平縁同向式神獣鏡と第 1 環同士で同環である。これを図 2-1 に示した。

21 が陳是作であるので、24 の青龍 3 年銘鏡も陳是作となる。 24 は顔氏作の銘があるが、それは陳是の中国滞在時代の名前ではないか。顔氏は中国時代の陳是の名前であり、顔氏は中国山東省の出身であることが後で示される。

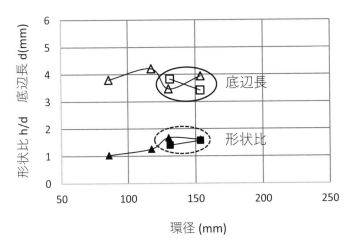

(24,21)の形状比と底辺長

—■— 24安満宮山青龍3年（235年）銘方格規矩4神鏡（形状比）

—▲— 21安満宮山陳是作平縁同向式神獣鏡（形状比）

—□— 24底辺長

—△— 21底辺長

図 2-1　24 と 21 の形状比と底辺長

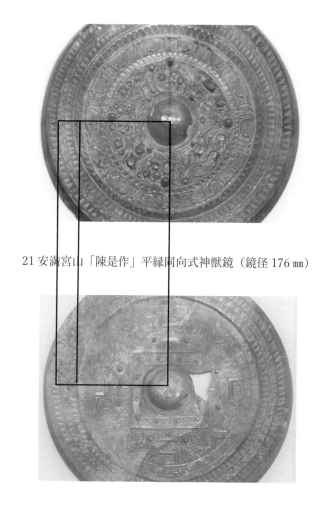

21 安満宮山「陳是作」平縁同向式神獣鏡（鏡径 176 ㎜）

24 安満宮山青龍 3 年（235 年）銘方格規矩鏡（鏡径 174 ㎜）

(24, 262)

24 は中国出土の 262 聖仏鎮円圏規矩鳥文鏡（史林 2000 年）と同環で
ある。**262 聖仏鎮円圏規矩鳥文鏡が陳是作品ということになる。** 規矩
鳥文鏡は魏鏡に多い。規矩鳥文鏡全体が、陳是作品なのではないかと
思わせるほどである。

「内区構成は北京市収集の円圏規矩鳥文鏡（当方通し番号 133）と同
一である」と史林 2000 年にある。133 も 262 も陳是の中国での作品
となる。

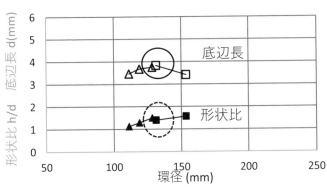

図 2-2　(24,262)の形状比と底辺長

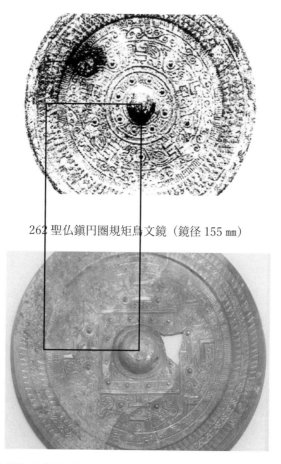

262 聖仏鎮円圏規矩鳥文鏡（鏡径 155 ㎜）

24 安満宮山青龍 3 年（235 年）銘方格規矩鏡（鏡径 174 ㎜）

2.2　98 景初 3 年（239 年）銘神原神社陳是作三角縁同向式神獣鏡の同環鏡

98 景初 3 年（239 年）銘神原神社陳是作三角縁同向式神獣鏡の同環鏡 5 面を下表に示す。

98 の同環鏡はすべて日本出土鏡であった。陳是は中国から持参した 186 朝日谷 2 号墳 1 号鏡の 165 ㎜の鋸歯環の形状を写し取って、98 を製作したと考えられる。195、197、217, 359 は 186 と同環の中国製鏡か、あるいは日本で陳是が作ったもののどちらかである。

表 2-3　98 景初 3 年（239 年）銘神原神社鏡の同環鏡

98 景初 3 年鏡（鏡径 230 ㎜）の同環鏡（環径 191,165 ㎜）				
通し番号	略称	鏡径（ｍｍ）	同環の環径（ｍｍ）	出土地
186	朝日谷 2 号墳 1 号鏡	187	165	
195	江田船山同向式神獣鏡	209	165	
197	東之宮斜縁同向式神獣鏡	211	165	
217	沖ノ島方形帯方格規矩鏡	262	165	
359	黒塚 24 号 三角縁唐草文帯 4 神 4 獣鏡	237	191	

以下に典型的な鏡を説明する。

(98, 186)

186 松山市朝日谷 2 号墳 1 号鏡が同環である。

186 朝日谷 2 号墳 1 号鏡は「後漢鏡（175,177,178）の 177 留守営鏡の同環鏡」で 171 石氏作鏡（80 年代）と同一年代と判定している鏡である。98 景初 3 年（239 年）銘神原神社鏡がこの 186 と同環である。年代はまったく異なる。98 の作者の陳是は、186 を中国から持参し、その鋸歯環を写して 98 を作ったと考えられる。その後、186 は地方に下賜されたのであろう。

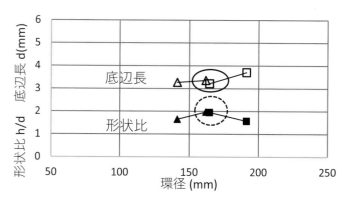

図 2-3 　(98, 186)の形状比と底辺長

(98, 195)

195 江田船山同向式神獣鏡が同環である。

195 は 98 と底辺長がつながって、直線になっている。これを延長すると、原点を通る。すなわち、98 と 195 はすべての環が同数の鋸歯で出来ているのである。昔の工人はこういう芸当もやってくれた。この意味でも、195 は 98 と同じく陳是作品である。

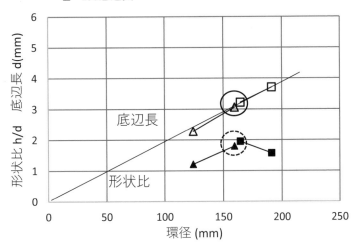

図2-4 (98, 195)の形状比と底

2.3 91景初3年（239年）銘大阪黄金塚画文帯同向

式鏡の同環鏡

91景初3年（239年）銘大阪黄金塚鏡の同環鏡3面を下表に示した。
この中の三角縁神獣鏡は陳是作品となる。

表 2-4　　91 景初 3 年（239 年）銘大阪黄金塚鏡の同環鏡

91 景初 3 年銘鏡（鏡径 233 ㎜）の同環鏡（環径 161,119 ㎜）				
通し番号	略称	鏡径 （ｍｍ）	同環の 環径 （ｍｍ）	出土地
26	安満宮山 三角縁獣文帯 4 神 4 獣鏡	225	161	
64	岡山鶴山丸山 変形 4 禽鏡	169	119	
216	沖ノ島 三角縁 2 神 2 獣鏡	222	119	

(91, 26)

91 景初 3 年（239 年）大阪黄金塚鏡は 26 安満宮山吾作銘鏡と同環である。

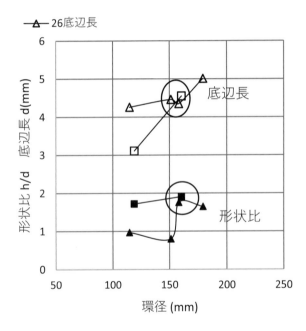

図2-5　(91, 26)の形状比

2.4 100 景初 4 年銘広峯陳是作斜縁盤龍鏡の同環鏡

100 景初 4 年銘鏡は有名な"おさわがせ鏡"である。中国では景初 4 年は実際にはなく、正始元年に改元されているからである。改元を知らない遠隔地の工人が製作したものと考えれば、陳是は日本にいて製作したと考えられる。しかし、これも、中国では改元されても古い元号を使ったという例を出されて、中国で三角縁神獣鏡は作られたという考えは残ったのである。

その"おさがわせ鏡"の 100 の同環鏡はどうなのであろうか。決め手は見つかるのであろうか。

100 景初 4 年銘広峯陳是作斜縁盤龍鏡については、同環鏡は見当たらなかった。これは 100 の形状比が大きいためである。100 は突如として、極めて鋭い鋸歯を有しているのである。

100 景初 4 年銘広峯陳是作斜縁盤龍鏡の同数鏡 3 面を下表に示した。景初 4 年銘鏡は、陳是が年号の誤りに気がつき、すぐに正始元年銘鏡を作ったと考えられるので、同一環径の鏡の製作数は少ないと想像され、同環鏡はないのであろう。

表 2-5　　100 景初 4 年銘広峯陳是作斜縁盤龍鏡の同数鏡

100 景初 4 年銘鏡（鏡径 168 ㎜）の同数鏡				
通し番号	略称	鏡径（mm）	同数の環径（㎜）	出土地
64	岡山鶴山丸山変形 4 禽鏡	169	125	
85	山口宮の洲三角縁同向式神獣鏡	236	125	
289	国分茶臼山**青盖作**盤龍鏡	139	125	

（100, 85）

85 山口宮の洲三角縁同向式神獣鏡も 100 と環径と底辺長のみが一致する同数鏡の関係にある。

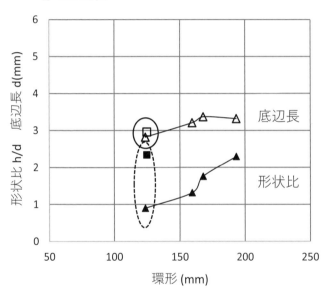

図 2-6　（100, 85）の形状比と底辺長

（100, 289）

289 国分茶臼山青盖作盤龍鏡（鏡径 139 ㎜）が同数である。

陳是は 167 岐阜城塚青盖鏡を持ち込んだのではないかと以前推測したが、同様にこの 289 も持ち込んだのではないか。これを手本に 100 を作ったのではないか。

(100,289)の形状比と底辺長

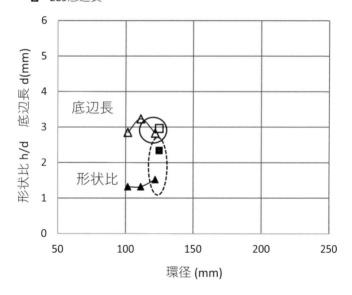

—■— 100景初4年銘福知山広峯陳是作斜縁盤龍鏡（形状比）

—▲— 289国分茶臼山青盖作盤龍鏡（形状比）

—□— 100底辺長

—△— 289底辺長

図 2-7 （100, 289） の形状比と底辺長

景初 4 年銘鏡は、陳是が年号の誤りに気がつき、すぐに正始元年銘鏡

を作ったと考えられるので、同一環径の鏡の製作数は少ないと想像され、同環鏡は作られなかったのであろう。

2.5　12 正始元年（240 年）銘陳是作三角縁同向式神獣鏡の同環鏡

12 正始元年（240 年）銘陳是作三角縁同向式神獣鏡の同環鏡 4 面を下表に示した。

表 2-6　12 正始元年（240 年）銘陳是作三角縁同向式神獣鏡の同環鏡

12 正始元年鏡（鏡径 226 ㎜）の同環鏡（環径 199,179,162 ㎜）				
通し番号	略称	鏡径（mm）	同環の環径（mm）	出土地
34	島根大成 三角縁唐草文帯 2 神 2 獣鏡	234	199	
186	朝日谷 2 号墳 1 号鏡	187	162	
217	沖ノ島 方形帯方格規矩鏡	262	162	
316	椿井大塚山 22 吾作 3 神 5 獣鏡	215	172, 162	

(12, 186)

186 朝日谷 2 号墳 1 号鏡が同環である。

陳是は自分が持参した中国後漢鏡の 186 を手本に、外側に鋸歯文を拡げて 12 を作ったと考えられる。

(12,186)の形状比と底辺長

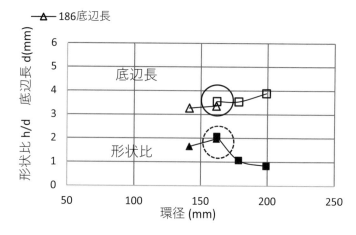

図 2-8　(12, 186)の形状比と底辺長

186 朝日谷 2 号墳 1 号鏡はすでに出てきたような気がしたがそのとおり、186 はすでに、98 景初 3 年 (239 年) 銘神原神社鏡とも同環であ

った（表2-3）。景初3年と正始元年の二つの紀年銘鏡に使われた186朝日谷2号墳1号鏡はよほど陳是の気に入った鏡であったのであろう。

(12, 316)

316椿井大塚山22吾作3神5獣鏡が同環である。同時に12の最小環で同数である。

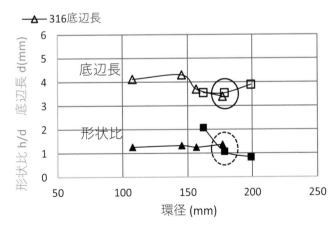

図2-9　(12, 316)の形状比と底辺長

2.6　紀年銘鏡全体のまとめ

顔氏作銘の 24 青龍 3 年銘鏡が陳是作品の 21 安満宮山平縁同向式神
獣鏡と同環であることから陳是作品であることがわかった。

その他の紀年銘鏡も陳是作品であることが、それらの同環鏡によって
確認された。

これらの紀年銘鏡には、186 朝日谷 2 号墳 1 号鏡などが手本とされた。

3.「銅出徐州」銘鏡の同環鏡

結論的には中国出土の「銅出徐州」銘鏡は多くの三角縁神獣鏡と同環
であった。

くりかえし述べることになるが、青銅鏡には、特に三角縁神獣鏡には、
その製作地が中国（魏）かあるいは日本であるかという古典的な大問
題がある。

それらの製作地が中国である説の有力な根拠の一つに、日本出土の三
角縁神獣鏡に、中国出土の青銅鏡と同じ銘文を持つものがあることが
あげられている。その銘文の一つが、「銅出徐州」銘である。

銅出徐州銘を有している中国鏡に遼寧省三道壕出土「銅出徐州」銘方
格規矩鳥文鏡（福永伸哉他　史林 2000）がある。ここでの呼称は 18
三道壕「銅出徐州」銘鏡である。

一方日本出土の銅出徐州銘鏡は茶臼山「新作明鏡銅出徐州」銘三角縁
4 神 4 獣鏡（大阪府柏原市ホームページ）、（田中　琢 1991　p224）
がある。ここでの呼称は 2 茶臼山「銅出徐州」銘鏡である。

さらに別種の銅出徐州銘鏡には、兵庫県森尾古墳から出土した 97 兵庫森尾「新作明鏡銅出徐州」銘三角縁神獣鏡がある（岡村秀典著：鏡が語る古代史 p221）。

3.1 18 三道壕「銅出徐州」銘方格規矩鏡の同環鏡

中国河北省出土の 18 三道壕「銅出徐州銘」方格規矩鏡の同環鏡を探索した。18 の同環鏡は 11 面あり、まとめて下表に示した。

不思議なことに、中国出土の 18 に中国鏡の同環鏡はない。同環鏡はすべて日本出土である。

18 は陳氏作の 6 と同環である。18 は中国時代の陳氏作品ということになる。18 が三角縁神獣鏡と類似点を持つのは、同じ作者の作品であれば当然のことである。

表 3-1　18 遼寧省三道壕銅出徐州銘方格規矩文鏡(鏡径 168 ㎜) の
同環鏡

通し番号	略称	鏡径 (mm)	同環の環径 (mm)	出土地
1	国分茶臼山 三角縁 4 神 2 獣鏡	222	114	
3	椿井	223	114	

18 遼寧省三道壕鏡（鏡径 168 ㎜）の同環鏡（環径 136、114 ㎜）

	三角縁獣文帯4神4獣鏡			
5	神戸ヘボソ塚 三角縁3神2獣鏡	217	114	
6	滋賀野洲小篠原**陳氏作** 三角縁神獣馬車鏡	257	114	
84	静岡上平川大塚 三角縁同向式神獣鏡	229	114	
281	黒塚27号 獣文帯4神4獣鏡	234	114	
282	黒塚9号 獣文帯4神4獣鏡	233	114	
302	椿井大塚山8 獣文帯同向式神獣鏡	234	114	
303	椿井大塚山9 獣文帯4神4獣鏡	234	114	
304	椿井大塚山 獣文帯4神4獣鏡	233	114	
344	黒塚9号 三角縁獣帯4神4獣鏡	233	114	

18は中国出土鏡であるが、中国出土鏡に同環鏡はない。18がすでに、当時の中国鏡の鋸歯文の傾向から離れていることがわかる。18は6の陳氏作銘の鏡と同環であるので、18が陳氏作品である可能性が高い。

同環鏡は、すべて日本出土であるので、陳氏が日本に渡来して、これらの鏡を作ったことになる。

(18, 6)

6 滋賀小篠原三角縁「**陳氏作**」神獣馬車鏡が同環である。それと同環の 18 が陳氏作ではないかという推理が成り立つ。陳氏は中国に作品を残したのである。同じ鋸歯環が中国と日本に残ったのである。

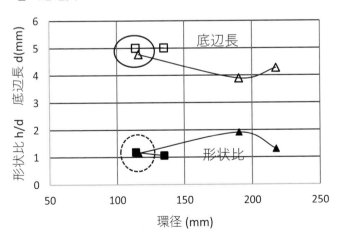

(18,6)の形状比と底辺長

—■— 18遼寧省三道壕銅出徐州銘方格規矩鳥文鏡（形状比）

—▲— 6滋賀野洲大岩山陳氏作三角縁2神2獣車馬鏡（形状比）

—□— 18底辺長

—△— 6底辺長

図 3-1　(18, 6)の形状比と底辺長

6 滋賀野洲「陳氏作」三角縁2神2獣車馬鏡（鏡径257㎜）

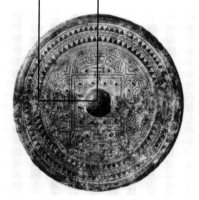

18 遼寧省三道壕「銅出徐州」銘方格規矩文鏡（鏡径168㎜）

不思議なことに、**中国出土の 18 に中国鏡の同環鏡はない。中国です
でに、中国流を外れていたのである。**同環鏡はすべて日本出土である。
18 は陳氏作品の 6 と同環である。18 は中国時代の陳氏作品というこ

とになる。

18が三角縁神獣鏡と類似点を持つのは、同じ作者の作品であれば当然のことである。

陳氏は18の鋸歯文の様式で、表3-1に示したように**18と同環鏡**の1茶臼山「吾作明鏡用青同至海東」銘三角縁4神2獣鏡，3椿井大塚山三角縁獣文帯4神4獣鏡，6滋賀小篠原大岩山三角縁「陳氏作」神獣馬車鏡，84静岡上平川大塚三角縁同向式神獣鏡などの鏡を作った。陳是・陳氏は、中国から渡来してつくったことを、ひそかに記録したかったのであろう。

18は魏の時代の(推測される)銅不足によって、小径の鏡となったが、大和では豊富な銅資源から大径の鏡を作った。

同じ銅出徐州銘である日本出土の三角縁神獣鏡の同環鏡はどうであろうか。以下に示す。

3.2　2国分茶臼山「銅出徐州」銘三角縁4神4獣鏡の同環鏡

2は河内国南河内郡国分茶臼山古墳出土鏡である。「新作明鏡　銅出徐州　師出洛陽」などの銘がある鏡径231㎜の三角縁4神4獣鏡である。日本出土の銅出徐州銘鏡の一つである。「銅出徐州」とあるので中国製とされてきた。本当に中国製であるのか。

これと同環である鏡を、いままで調べた約350面の鏡と比較して探した。その結果を以下に示す。

2 国分茶臼山三角縁4神4獣鏡の同環鏡14面をまとめて下表に示した。

中国鏡の172石氏作永元7年（91年）画像鏡と179㎜の環径で同環であるという特徴がある。

2の作者は1世紀末の172鏡の179㎜の鋸歯環と2世紀末の245鏡の145㎜の鋸歯環を知っていて、それを採りいれ、新たに202㎜の鋸歯環を加えて、2を作ったと考えられる。

多くの三角縁神獣鏡と同環であるので、2は陳是あるいは陳氏の作品と考えられる。

表3-2　2国分茶臼山三角縁4神4獣鏡の同環鏡

2 国分茶臼山鏡（鏡径231㎜）の同環鏡（環径202,179,145mm）				
通し番号	略称	鏡径（mm）	同環の環径（mm）	出土地
1	国分茶臼山 三角縁4神2獣鏡	222	179	
9	金崎 三角縁2神2獣鏡	208	145	

19	魏晋の方格規矩鏡	168	145	
58	鳥取馬の山 三角縁3神2獣鏡	216	179	
59	岡山車塚**新作銘** 三角縁4神4獣鏡（2と同范）	232	すべて	
64	岡山鶴山丸山変形4禽鏡	169	145	
165	佐賀桜馬場方格規矩鏡	232	179	
167	岐阜城塚**青盖作**鏡	203	179	
172	**石氏作**永元3年（91年） 画像鏡	250	179	中国
216	沖ノ島 三角縁2神2獣鏡	222	179	
240	鴨都波② 斜縁波文帯2神4獣鏡	207	179	
245	鑑堂**劉氏作** 神人竜虎車馬画像鏡	201	145	
313	椿井大塚山19**吾作** 4神4獣鏡	226	179	
314	椿井大塚山20**吾作** 3神5獣鏡	225	179	

(2, 1)

1国分茶臼山用青同銘三角縁4神2獣鏡が同環である。

1は2と同じく茶臼山古墳出土の「吾作明鏡　用青同至海東」銘のある三角縁4神2獣鏡である。

1の第1環（最外側間）と2の第2環の環径、形状比、底辺長がほぼ一致する。1と2は同一工房、同一工人作品であると考えられる。

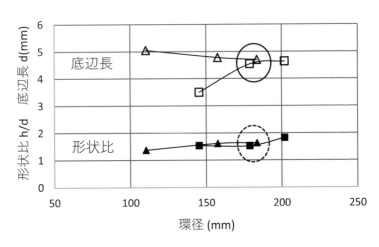

(2,1)の形状比と底辺長

─■─2国分茶臼山新作明鏡銅出徐州銘三角縁4神4獣鏡（形状比）

─▲─1国分茶臼山吾作明鏡用青同至海東銘三角縁4神2獣鏡（形状比）

─□─2底辺長

─△─1底辺長

図3-2　(2,1)の形状比と底辺長

(2, 165)

165 佐賀桜馬場方格規矩鏡（鏡径 232 ㎜）が同環である。

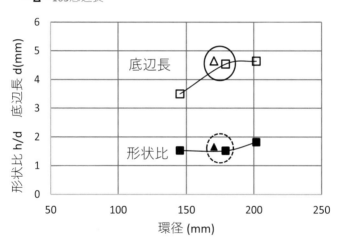

図 3-3　（2, 165)の形状比と底辺長

(2, 167)

167 岐阜城塚**青盖作**鏡が同環である。陳是は 167 城塚青盖鏡の鋸歯環を 2 に移植した。

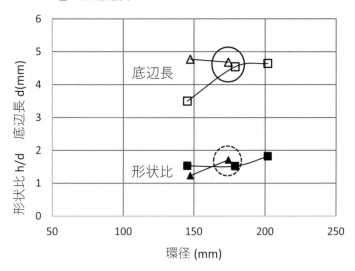

図3-4　(2, 167)の形状比と底辺長

(2, 172)

後漢鏡の172「石氏作」永元3年（91年）銘画像鏡が同環である。

三角縁神獣鏡である2よりは200年近く前の172と、2は同環である

のは、なぜであろうか。

陳是は167城塚青盖鏡を手本とし、その179㎜の鋸歯環を移植した。

その結果172や165と同環になったのである。

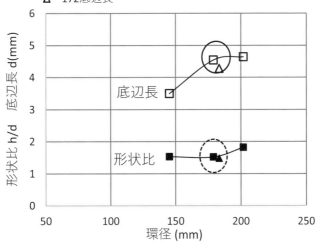

図 3-5　(2, 177)の形状比と底辺長

以上のことから、2国分茶臼山銅出徐州銘鏡は陳是・陳氏作品と考えられる。

3.3　97 兵庫森尾「新作徐州」4 神 4 獣鏡 の同環鏡

三角縁神獣鏡の製作地については、次のようなコメントがある。

三角縁神獣鏡の製作地をめぐる議論の中で、一連の「陳是作」鏡の銘

文について、いくつかの解釈が提出されている（鏡が語る古代史 p218）。その中の一例は下記のようである。

『銘文のパターンはいずれも「景初 3 年」三角縁神獣鏡をもとにしている（鏡が語る古代史 p218）。

「景初 3 年」三角縁神獣鏡は径 23 ㎝、モデルになった画文帯神獣鏡の約 1.5 倍の大きさである（この「景初 3 年」銘鏡は当方の通し番号 91 の景初 3 年銘大阪黄金塚画文帯同向式鏡であろう）。三角縁神獣鏡の平均は径 22.3 ㎝であり、魏政権が民間の工房に発注したとき、大きな鏡をつくるように特別な注文を付けたのだろう（同上 p221）。（本書著者註：これはなかなかありえない注文である。製作地の中国に一切、製品の見本も残さず、サイズも当時の中国鏡よりも大きなものを作らせたというのは、どのような工程管理をしたのであろうか）

中でも、森尾古墳から出土した「新作」三角縁神獣鏡は径 26 センチと大きくいわゆる笠松文を十文字に配置した 4 神 4 獣鏡である（同上 p221）。（これは当方通し番号 97 兵庫森尾「新作徐州」三角縁 4 神 4 獣鏡であろう）。』

この説明にあるように、97 には、2 と同様に「銅出徐州」銘がある。したがって、ここでは、2 と同様に、その鋸歯文を、約 350 面のすべての鏡と比較検討した。97 は、環径が大きく、かつ非常に細かい、鋭い鋸歯を有するという極めて特異な鋸歯文パターンをしており、同環鏡と思われる鏡はきわめて少なかった。

350 面のすべての鏡の中で、97 の同環鏡は、103 家屋文鏡と 244「伯氏作」伍子胥鏡だけであった。

それを下表に示した。陳是は 103 と 244 を真似て、中国風に 97 を作ったのである。

表 3-3　97 兵庫森尾新作徐州銘 4 神 4 獣鏡（鏡径 250 ㎜）の同環鏡

97 兵庫森尾鏡（鏡径 250 ㎜）の同環鏡（環径 219、196, 163 ㎜）				
通し番号	略称	鏡径 (mm)	同環の環径 (mm)	出土地
103	家屋文鏡	229	196	
244	斜縁柏氏伍子胥鏡	207	163	中国

(97, 103)

97 は 103 家屋文鏡と同環である。ここで不思議なことが起きる。形状比と底辺長が同じ 2 附近にあり、形状比と底辺長のデータ点が重なるのである。この現象は、中国鏡の一部に見られる特異な現象である。すなわち、底辺長が 2 ㎜程度と小さく、形状比が 2 と大きく、すなわち鋸歯が鋭い。細かく鋭い鋸歯ということで、製作が面倒である。筆者たちなどは製図さえ遠慮したくなるが、当時の工人はやったのである。頭が下がる。97 と 103 は環径、底辺長、形状比が一致する。両者は同環である。

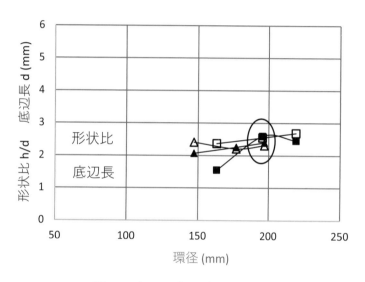

図3-6 （97, 103)の形状比と底辺長

(97, 244)

中国出土の 244 斜縁柏氏伍子胥鏡が同環である。

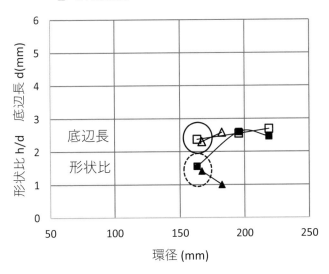

図 3-7 　(97, 244)の形状比と底辺長

この 97 の銅出徐州銘鏡は、陳是・陳氏が、中国から持参した 103 家
屋文鏡の鋸歯環で作った。したがって、三角縁神獣鏡に同環鏡がない
特殊な陳是・陳氏作品になった。図像には、三角縁神獣鏡と同様な笠
松文様がある。

4.「吾作甚獨奇」銘鏡の同環鏡

中国製とされてきた松林山鏡に多くの三角縁神獣鏡の同環鏡があったのである、以下に述べる。

前章の「銅出徐州」銘のほかに、中国出土鏡と日本出土鏡の両方に共通する銘文を持つ鏡に「吾作甚獨奇」銘を有する鏡がある。

「河北出土の魏晋鏡」（福永伸哉、森下章司、史林 2000 年）では次のように述べられている。

（引用始め）

『1996 年中国河北省文物研究所から『歴代銅鏡紋飾』と題する、河北省出土鏡を多数掲載した画期的な書物が発行された。とりわけ注目されたのは『吾作明鏡甚獨奇』で始まる特徴的な銘文をもつ方格規矩鏡である。この銘文は独特の語句をふくむ、例の少ないものであるが、静岡県松林山古墳出土の三角縁 2 神 2 獣鏡と全くの同銘である。三角縁神獣鏡と「特異な規矩鏡群」をむすぶ重要な資料と考えられる（同p124）。

「吾作甚獨奇」銘方格規矩鳥文鏡は 1972 年河北省易県燕下都武陽台東採集（同 p125）。

燕下都出土「吾作甚獨奇」銘方格規矩鳥文鏡、馬庄村と邵各庄出土方格規矩鳥文鏡、西田寨村出土円圏規矩鳥文鏡はいずれも「特異な規矩鏡群」の特徴をそなえている（同 p130）。

燕下都鏡のように頭部を前に向け羽を左右に広げた姿態の鳥文は、青龍 3 年銘方格規矩や京都府椿井大塚山古墳鏡と共通する（同 p130）。

燕下都出土「吾作甚獨奇」銘方格規矩鳥文鏡でもっとも注目されるの

は字句や表記法に至るまで一致する銘文が三角縁神獣鏡に見られることだ。静岡県松林山古墳出土の三角縁神獣鏡である（後藤守一ほか1939）（同p131）。

岡村秀典氏は、両者は書体なども一致するとして、同一工人の作品となる可能性を述べた（岡村1999）（同p131）。

いま一つの比較の例は、佐賀谷口古墳、福岡県一貴山銚子塚古墳（2面）、大阪ヌク谷北塚古墳（2面）に同笵鏡がある仿製三角縁神獣鏡である。この鏡の銘は、従来から、松林山鏡の銘を写したものと解釈されている。字体は類似する。またこの鏡の内区に突線で表された鳥文表現を見ると、松林山鏡よりむしろこちらの方が燕下都鏡に共通する風がある。従来の解釈のように単なる引き写しでは両者の類似を説明できない。魏晋の規矩鏡群と仿製三角縁神獣鏡とのつながりも示す材料となるだろう（同p132）。』

（引用おわり）

解説書の辻田淳一郎著の「鏡の古代史」（2019、p154）でも、『河北省から出土した魏晋の方格規矩鏡も銘文が静岡県磐田市の松林山古墳出土の三角縁神獣鏡と全く同じ銘文であることが判明するなど1990年代を通じて「舶載」三角縁神獣鏡の魏鏡説が有力視されるようになった』とある。

また「シンポジウム　三角縁神獣鏡」学生社　2000年　p54〜55では、易県（河北省）の方格規矩鳥文鏡は松林山鏡と同一工人の可能性もあるとする意見の一方、同一工人の作というのはむずかしい、というような意見が述べられている。

このように、いささかの違いはあるものの、おおまかにいえば、中国

出土と日本出土の「吾作甚獨奇」銘鏡は、同一工人作の可能性がある
のである。

吾作甚獨奇銘を持つ鏡は、33 静岡松林山「吾作甚獨奇」銘三角縁 2 神
2 獣鏡、20 大阪ヌク谷三角縁「吾作」銘 3 神 3 獣鏡および 132 河北省
易県燕下都出土「吾作甚獨奇」銘方格規矩鳥文鏡の 3 面である。以下
それぞれの同環鏡を、いままで集めた約 350 面の鏡の鋸歯文データと
いちいち突き合わせて探した。

幸いなことに 20 と 33 の形状比の値は似ているが、他はそれぞれ異な
る値であることがわかる。同環鏡同士が重なることがない。

本家中国の吾作甚獨奇銘鏡の 132 は環径が小さい。

4.1　132 河北省易県燕下都出土「吾作甚獨奇」銘方

格規矩鳥文鏡の同環鏡

中国出土の吾作甚獨奇銘鏡である 132 河北省易県燕下都出土「吾作甚
獨奇」銘方格規矩鳥文鏡の同環鏡を調べた。

132 河北省易県燕下都出土「吾作甚獨奇」銘方格規矩鳥文鏡は鏡径 154
㎜と小さく、1 環である。この鏡の同環鏡を 350 面の鏡の中から探し
た。

132 の同環鏡 6 面を下表に示した。

表4-1　　　132 河北省易県燕下都「吾作甚獨奇」銘
　　　　　　　方格規矩鳥文鏡の同環鏡

132 易県鏡（鏡径 154 mm）の同環鏡（環径 124 mm）				
通し番号	略称	鏡径（mm）	同環の環径（mm）	出土地
86	岡山車塚**陳是作** 三角縁神獣車山鏡	260	124	
126	山梨大丸山 三角縁獣文帯 3 神 3 獣	170	124	
133	**北京市収集** 円圏規矩鳥文鏡	166	124	中国
146	山梨大丸山 三角縁 3 神 3 獣鏡（126 と同じ）	170	124	
154	兵庫笹倉亀山 画文帯同向式神獣鏡	148	124	
211	久保惣記念美術館蔵 泰始 9 年（273 年）銘鏡	177	124	

86 が陳是作品であるからそれと同環である 132 易県鏡は陳是作品ということになる。陳是は、自分が中国に残してきた 132 易県鏡の作者であることを示すために、日本への渡来後にこの 86 鏡の最小環に

59

痕跡を残したのであろう。

133 も同環であり、133 も中国での陳是作品であることがわかる。

(132, 86)

86 岡山車塚三角縁「陳是作」神獣車山鏡が同環である。環径はやや異なるが、誤差の範囲であろう。

ここで注目されるのは、86 が陳是作と銘打たれていることである。それと同環である 132 易県「吾作甚獨奇」銘鏡が陳是作品であることになる。しかも 132 と同環の鏡は、中国出土鏡の中には少ないのである。あとで述べる 133 北京市収集円圏規矩鳥文鏡の 1 件あるのみである。したがって、当時の中国の流儀を離れて、陳是・陳氏が中国で独自に試作し、その様式を日本に持ち込んだと考えられるのである。132 の銘文の「甚獨奇」は文字通りの意味であることになる。

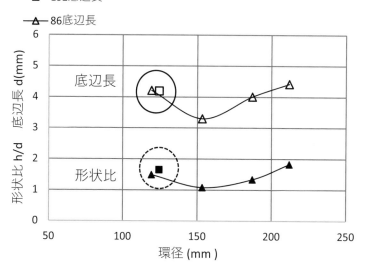

(132,86)の形状比と底辺長

- ■ 132河北省易県吾作甚獨奇銘方格規矩鳥文鏡（形状比）
- ▲ 86岡山車塚陳是作三角縁神獣車山鏡（形状比）
- □ 132底辺長
- △ 86底辺長

図 4-1 （132, 86）の形状比と底辺長

(132, 133)

中国の同地区の出土である 133 北京市収集円圏規矩鳥文鏡が同環で
ある。133 は 132 と同類の魏晋鏡であるので、133 も陳是作品である
可能性が出てくる。

(132,133)の形状比と底辺長

■132河北省易県吾作甚獨奇銘方格規矩鳥文鏡（形状比）

▲133北京市収集円圏規矩鳥文鏡（形状比）

□132底辺長

△133底辺長

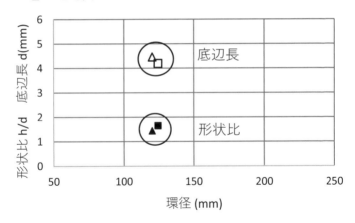

図 4-2 （132, 133)の形状比と底辺長

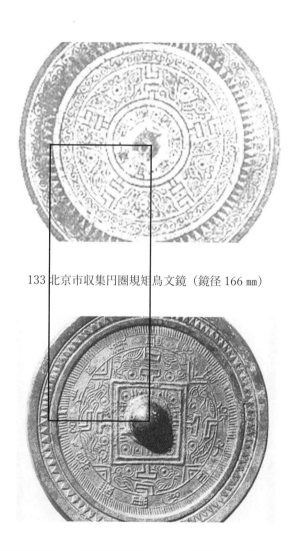

133 北京市収集円圏規矩鳥文鏡（鏡径 166 mm）

132 易県燕下都出土「吾作甚獨奇」銘方格規矩鳥文鏡（鏡径 154 mm）

132 易県「吾作甚獨奇」銘鏡は中国出土鏡にもかかわらず、中国出土鏡の同環鏡は 133 のみである。日本出土鏡にも同環鏡はひとつしかないが、それがなんと 86 の陳是銘鏡なのである。比較相手の 132 易県鏡が陳是作品であるという衝撃的な結果になる。

同数鏡も中国鏡はなく、三角縁神獣鏡のみであり、132 が陳是作品であることを示している。
133 北京市収集円圏規矩鳥文鏡が同環であり、これも中国での陳是作品であることがわかる。

「吾作甚獨奇」銘は日本出土の三角縁神獣鏡にもある。以下それを述べる。

4.2　33 静岡松林山「吾作甚獨奇」銘三角縁 2 神 2 獣鏡の同環鏡

33 静岡松林山「吾作甚獨奇」銘三角縁 2 神 2 獣鏡に前述の 132 と同じ「吾作甚獨奇」銘がある。
その 33 が以下の鏡と同環である。33 は同環鏡が多いのである。
下表に 33 静岡松林鏡の同環鏡 29 面を示した。驚くほど多い。その圧倒的ほとんどが国内出土の三角縁神獣鏡である。33 が中国製である気配はまったく認められない。

表 4-2　33 静岡松林山吾作甚獨奇銘三角縁 2 神 2 獣鏡の同環鏡

33 松林山鏡（鏡径 213 ㎜）の同環鏡（環径 179 ㎜、149 ㎜）				
通し番号	略称	鏡径（mm）	同環の環径（mm）	出土地
5	神戸ヘボソ塚 三角縁 3 神 2 獣鏡	217	179	
11	前橋天神山 三角縁 5 神 4 獣鏡	223	179	
14	新山西王母 三角縁神獣鏡	226	179	
93	**岡山車塚陳氏作 2 神 2 車馬鏡**	**222**	**179**	
95	山梨銚子塚**陳氏作** 神獣車馬鏡（93 と同范）	221	179	
105	新山ダ龍鏡	272	179	
107	新山 変形方格規矩鏡	243	179	
166	**永平 7 年**尚方作 獣帯鏡	190	149、 179	
167	**岐阜城塚青盖作鏡**	200	149、	

65

			179	
202	黒塚 三角縁神獣鏡（1）	226	179	
216	沖ノ島 三角縁神獣鏡	222	179	
234	**武寧王陵（1）宣子孫銘** **獣帯文鏡**	**232**	**179**	**韓 国**
239	鴨都波① 斜縁2神4獣鏡	185	149	
240	鴨都波② 斜縁波文帯2神4獣鏡	207	149	
241	鴨都波③ 斜縁波文帯3神3獣鏡	214	179	
249	造山1号墳 方格規矩4神鏡	189	149	
280	黒塚18号**張氏作** 3神5獣鏡	226	179	
290	雪野山 三角縁唐草文帯4神4獣鏡	242	179	
301	椿井大塚山7**張氏作** 3神5獣鏡	226	179	
313	椿井大塚山19**吾作** 4神4獣鏡	226	149	

315	椿井大塚山 21 **吾作** 3 神 5 獣鏡	215	149	
319	椿井大塚山 25 獣文帯 2 神 2 獣鏡	220	179	
320	椿井大塚山 26 獣文帯 4 神 4 獣鏡	224	179	
322	椿井大塚山 28 **張是作** 4 神 4 獣鏡	218	179	
324	椿井大塚山 35 方格規矩 4 神鏡	184	149	
327	西求女塚 3 号 三角縁 3 神 5 獣鏡	225	179	
347	黒塚 12 号 三角縁銘帯 4 神 4 獣鏡	218	149、 179	
354	黒塚 19 号 三角縁銘帯 4 神 4 獣鏡	223	179	
366	黒塚 31 号 三角縁銘帯 4 神 4 獣鏡	220	149, 179	

(33, 93)

93 岡山車塚「陳氏作」2 神 2 車馬鏡が同環である。93 には陳氏作と銘打ってあるのである。図像も類似している。**93 と同環の 33 松林山**

鏡は陳氏作品ということになる。そして、ここで紹介された 33 と同環の鏡はすべて陳氏作品ということになる。

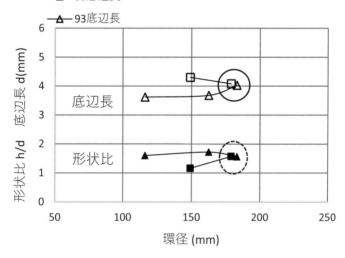

図 4-3　(33, 93)の形状比と底辺長

(33, 166)

166 永平 7 年（64 年）尚方作獣帯鏡（鏡径 190 ㎜）が同環である。33 は次の 167 岐阜城塚青盖鏡を手本としたために自動的に 166 と同環

となった。

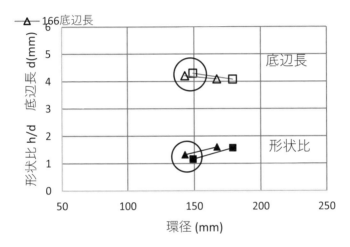

図-4　(33, 166)の形状比と底辺長

(33, 167)

167 岐阜城塚青盖鏡（鏡径 200 ㎜）が同環である。陳是は後漢の鏡である青盖鏡を持参し、それの鋸歯文を伝承して 33 などの多くの三角縁神獣鏡などを作った、と考えられる。

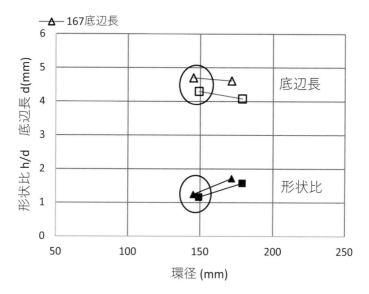

図 4-4 （33, 167)の形状比と底辺長

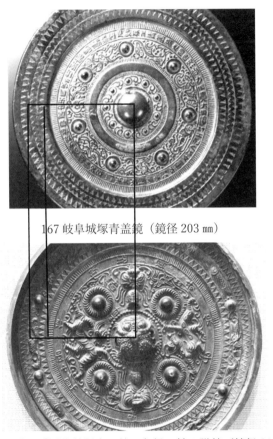

167 岐阜城塚青盖鏡（鏡径 203 ㎜）

33 静岡松林山「吾作甚獨奇」銘三角縁 2 神 2 獣鏡（鏡径 213 ㎜）

(33, 234)

234 武寧王陵鏡（1）**宣子孫**銘獣帯文鏡（鏡径 232 ㎜）は、33 と同じように、167 城塚青盖鏡の鋸歯文を写して作られたものである。これが、後世、武寧王に贈られたのである。

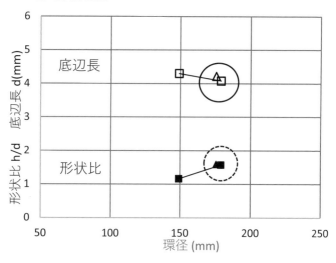

図 4-5　(33, 234)の形状比と底辺長

陳是は日本に渡来したときに、いくらかの中国製青銅鏡を持参したはずである。それらは、後に三角縁神獣鏡とともに下賜され、それぞれ

の古墳に納められた。各古墳には、三角縁神獣鏡とは別に、中国製と思われる鏡が混入している。陳是が持参した鏡の一つが 167 城塚青盖鏡ではないか。彼はこの青盖鏡の二つの鋸歯文を写して多くの鏡を作った。青盖鏡は陳是のお気に入りであったため、多くの同環鏡が生まれた。特に吾作甚獨奇銘の 33 は 2 環とも 167 青盖鏡と同環とした。「吾作甚獨奇」という陳是のモットーともいう銘を載せた鏡に特別な思い入れがあったのであろう。

4.3 20 大阪ヌク谷「吾作」銘三角縁 3 神 3 獣鏡の同環鏡

20 大阪ヌク谷「吾作」銘三角縁 3 神 3 獣鏡は 33 静岡松林山「吾作甚獨奇」銘三角縁 2 神 2 獣鏡とは別種の吾作甚獨奇銘の鏡である。その鏡の同環鏡を 350 面の鏡の中から探した。

20 は 39 佐賀谷口三角縁 3 神 3 獣鏡、180 一貴山銚子塚三角縁神獣鏡という同笵鏡があるが、ここでは 20 で代表させた。

20 は 33 松林山鏡の銘を模倣した鏡といわれている（福永伸哉、森下章司：史林、2000 - 01 - 01、p 132）。しかし、20 が 33 を模倣したという話はおかしい。「獨」の字が 33 では略字となっているが、20 では本格的な字になっている（同上文献の図 5 ）のである。これは 33 を見て書いたものではなく、言葉の分かっている人間が書いたものである。

20 大阪ヌク谷「吾作」銘三角縁3神3獣鏡 (211㎜) の同環鏡6面を
下表に示した。

表4-3 20 大阪ヌク谷「吾作甚獨奇」銘三角縁3神3獣鏡の同環鏡

20 ヌク谷鏡(鏡径 211 ㎜) の同環鏡 (環径 184,158 ㎜)				
通し番号	略称	鏡径（mm）	同環の環径（mm）	出土地
3	椿井大塚山 三角縁獣文帯4神4獣鏡	223	184	
55	神奈川大塚山**陳氏作** 三角縁4神2獣鏡	221	184	
56	岡山車塚**陳是作** 三角縁4神2獣鏡	220	184	
57	岡山車塚**陳是作** 4神2獣鏡	220	184	
157	滋賀小篠原大岩山 獣帯鏡	230	184	
246	島根大成 三角縁神獣鏡	239	184	

（55, 56, 57 はすべて同笵）

20 ヌク谷鏡の同環鏡は国内出土品のみである。陳是・陳氏が渡来後日本で作ったのである。

(20, 55)

55 平塚大塚山「陳氏作」4 神 2 獣鏡，56 岡山車塚三角縁「陳是作」4 神 2 獣鏡，57 岡山車塚三角縁「陳是作」4 神 2 獣鏡は同范である。これらが第 1 環同士で 20 と同環である。第 2 環でも、環径と形状比は一致する。また 55，56，57 は陳是・陳氏作銘である。これは 20 大阪ヌク谷三角縁「吾作」銘三角縁 3 神 3 獣鏡が陳是・陳氏作であることを示している。またここで示した 20 と同環の鏡がすべて陳是・陳氏作であることになる。

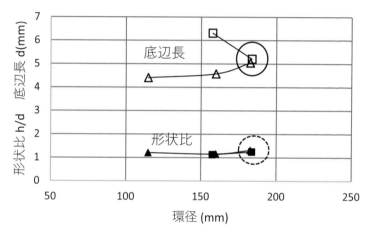

図4-6　(20, 55)の形状比と底辺長

それに銘の字体の筆跡も検討されている。(史林2000年、p232)。

史林2000年では、「作」「鏡」「保」「奇」などの字体のクセはよく似ているが、他の字では異なっている部分もある（p131－132）、とされて結論が出ていない。

しかし、鋸歯文では、ここに結論が明確に出るのである。これらの三者は同一工人、具体的には陳是の作品であるといえるのである。

5. 「特異な規矩鏡」の同環鏡

すでに述べたように、中国河北省出土の規矩鏡は反転したＬ字型文様
や、長方形の紐孔、外周突線の存在など三角縁神獣鏡との共通性が指
摘されてきた（史林 2000 福永伸哉）。そしてそれは三角縁神獣鏡中国
製説の根拠とされてきた。そこで、これらの規矩鏡の同環鏡を調べれ
ば、三角縁神獣鏡問題は一挙に解決できるのではないかと考えられる。
上記文献では、

132(176 と同じ)　河北省易県「吾作甚獨奇銘」方格規矩鳥文鏡（鏡
径 154 ㎜）

177 留守営方格規矩鳥文鏡（鏡径 158 ㎜）

178 邴各庄方格規矩鳥文鏡（鏡径 134 ㎜）

18 遼寧省三道壕「銅出徐州銘」方格規矩鳥文鏡（鏡径 168 ㎜）

262 聖仏鎮円圏規矩鳥文鏡（鏡径 155 ㎜）

133 北京市収集円圏規矩鳥文鏡（166 ㎜）

263 懐来県獣帯鏡（105 ㎜）

の 7 面が「特異な規矩鏡」として紹介されている。

132（176）河北省易県方格規矩鳥文鏡については、すでに、4 章で岡
山車塚三角縁神獣車山鏡と同環であることを述べた。

5.1　177 留守営方格規矩鳥文鏡の同環鏡

177 の同環鏡 5 面を下表に示した。

177 留守営方格規矩鳥文鏡（鏡径 158 ㎜）は陳是作銘のある 91 景初
3 年（239 年）銘大阪黄金塚画文帯同向式神獣鏡と一致の良い同環鏡
であるので、陳是の中国時代の作品と考えられる。

60 年代の青盖鏡の 289 国分茶臼塚青盖作銘盤龍鏡と 80 年代の 171 浙

77

江省上虞県石氏作盤龍鏡を手本に作ったと考えられる。陳是は中国での自作の 177 の 117 ㎜の鋸歯環で 91 を日本で作った。138 ㎜の鋸歯環は 289 の青盖鏡を真似た。127 ㎜の鋸歯環は 171 から取り入れた。

表 5-1　177 留守営方格規矩鳥文鏡の同環鏡

177 留守営鏡（鏡径 158 ㎜）の同環鏡(環径 138,127,117mm)				
通し番号	略称	鏡径（mm）	同環の環径（mm）	出土地
91	景初 3 年（239 年）銘大阪黄金塚画文帯同向式神獣鏡	233	117	
135	江田船山獣帯鏡	178	127	
171	浙江省上虞県石氏作盤龍鏡（80 年代）	150	127	中国
186	朝日谷 2 号墳 1 号鏡	187	138	
289	国分茶臼塚青盖作銘盤龍鏡	139	138	

(177, 91)

91 景初 3 年（239 年）銘大阪黄金塚画文帯同向式神獣鏡（鏡径 233 ㎜）が一致の良い同環鏡である。

91 は陳是作銘であるので、177 は中国時代の陳是作品であることになる。

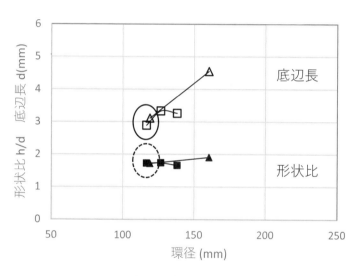

図 5-1 （177, 91)の形状比と底辺長

(177, 171)

177 は同じ中国出土の 171 浙江省上虞市**石氏作**盤龍鏡と同環である。
171 は浙江省上虞県出土で 80 年代の中国製鏡である（鏡が語る古代
史 p122)。177 の作者の陳是は、171 の流れであり、後漢時代の鋸歯

環を復活したのである。

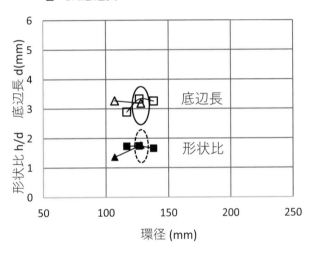

図 5-2　(177, 171)の形状比と底辺長

5.2　178 邴各庄方格規矩鳥文鏡の同環鏡

178 邴各庄方格規矩鳥文鏡は河北省撫寧県邴各庄出土、三道壕「銅出
徐州」銘鏡（当方通し番号 18）と鳥文表現が酷似しているとされる平
縁（史林 2,000 年 p126）である。

178 の同環鏡 16 面まとめて下表に示した。

表 5-2　　178 邴各庄方格規矩鳥文鏡の同環鏡

178 邴各庄鏡（鏡径 134 ㎜）の同環鏡（環径 118、98 ㎜）				
通し番号	略称	鏡径（mm）	同環の環径（mm）	出土地
4	前橋 三角縁 4 神 4 獣鏡	215	118	
11	前橋 三角縁 5 神 4 獣鏡	223	118	
26	安満宮山 三角縁獣文帯 4 神 4 獣鏡	225	118	
50	兵庫三つ塚 4 号 三角縁 3 神 3 獣鏡	220	118	
55	神奈川大塚山**陳氏作** 4 神 2 獣鏡	221	118	
57	岡山車塚**陳是作** 三角縁 4 神 2 獣鏡	220	118	
67	滋賀野洲冨波 三角縁 2 神 2 獣鏡	218	118	
73	三重筒野	212	118	

	三角縁 3 神 3 獣鏡			
83	奈良佐味田宝塚 三角縁対置式神獣鏡	218	118	
133	**北京市**収集 円圏規矩鳥文鏡	166	118	中国
239	鴨都波① 斜縁 2 神 4 獣鏡	185	98	
299	椿井大塚山 5 櫛波紋帯 4 神 4 獣鏡	221	118	
318	椿井大塚山 24 **陳是作** 4 神 2 獣鏡	220	118	
328	西求女塚 5 号 三角縁**陳是作** 5 神 5 獣鏡	218	118	
340	黒塚 5 号 三角縁 5 神 4 獣鏡	225	118	
360	黒塚 25 号 三角縁銘帯 4 神 4 獣鏡	220	118	

ウワー、ヤメテクレーというほど、三角縁神獣鏡の同環鏡が出てきた。しかも、中国出土鏡は 133 北京市収集円圏規矩鳥文鏡しかないのである。178 のような「中国出土鏡」にである。これはどのように考えればいいだろうか。178 は多くの陳是銘鏡と同環であり、178 は中国での陳是作品である。

178 が陳是作品であるとすれば、陳是が今までの中国の伝統を離れ、**新しい鋸歯の形状で鋸歯環を作ったと考えざるを得ない。陳是は中国で、178 邡各庄鏡と 133 北京市収集円圏規矩鳥文鏡を作った。**そののち日本に渡来後、これらの三角縁神獣鏡を作ったと考えられる。

(178, 55)

178 はなんと、陳是・陳氏銘の鏡と同環である。55 神奈川大塚山陳氏作 4 神 2 獣鏡は 178 と同環である。178 邡各庄方格規矩鳥文鏡は中国時代の陳氏作品であることになる。

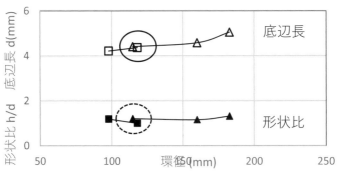

図 5-3　(178, 55)の形状比と底辺長

(178, 133)

中国出土鏡の 133 北京市収集円圏規矩鳥文鏡が 178 とほぼ同環である。133 も陳氏の中国時代の作品と考えられる。

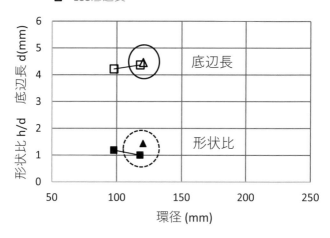

図 5-5　（178, 133)の形状比と底辺長

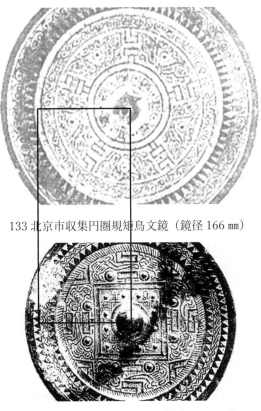

133 北京市収集円圏規矩鳥文鏡（鏡径 166 mm）

178 邴各庄方格規矩鳥文鏡（鏡径 134mm）

(178, 318)

318 椿井大塚山 24 **陳是作** 4 神 2 獣鏡（鏡径 220 mm）が同環である。
178 は陳是作品ということになる。陳是と陳氏は二人であったとして
もほぼ同一人物として考えられる。

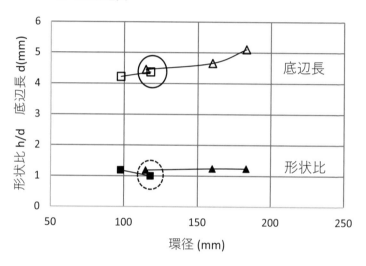

図5-6　(178, 318)の形状比と底辺長

(178, 328)

328西求女塚5号三角縁**陳是作**5神5獣鏡（鏡径218㎜）が同環である。328は318と異なる陳是作品であるが、同様に同環である。328はますます陳是作品ということになる。

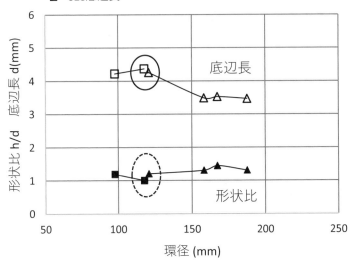

図 5-7　(178, 328)の形状比と底辺長

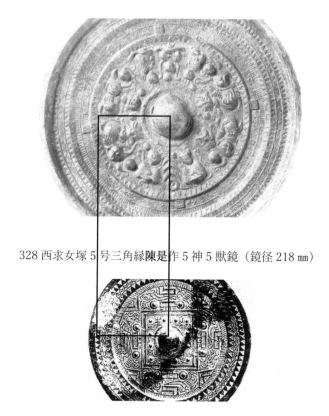

328 西求女塚 5 号三角縁陳是作 5 神 5 獣鏡（鏡径 218 mm）

178 邨各庄方格規矩鳥文鏡（鏡径 134mm）

5.3　262 聖仏鎮円圏規矩鳥文鏡の同環鏡

262 聖仏鎮円圏規矩鳥文鏡（鏡径 155 mm）は、今までの結果から、陳
是の中国時代の作品と推定したものである。

262 は鋸歯環が 3 環、連続している。

福永伸哉「河北省出土の魏晋鏡」史林 2000 年 p126 によれば、262 聖仏鎮円圏規矩鳥文鏡は、「位至三公九卿侯王」の銘、内区構成は北京市収集の円圏規矩鳥文鏡（当方通し番号 133）と同一である、外区は三帯の鋸歯文帯に外周突線を加えた構成、縁はやや傾斜する端面を持つ平縁である、と述べられている。

262 の同環鏡 27 面を下表に示した。

鋸歯環が連続して 3 環もある。その 3 環にそれぞれ同環鏡があるため、同環鏡も多い。陳是が意図的にやったのであろうか。

このように、262 には同環鏡が多い、しかし、それらは 171 浙江省上虞県石氏作盤龍鏡（鏡径 150 ㎜）を除いてすべて日本出土である。171 は「鏡が語る古代史 p125」によれば 80 年代の作品とされるので、陳是は後漢時代の鏡の鋸歯文を復活したのである。

262 は 24 安満宮山青龍 3 年（235 年）銘鏡と同環であり、24 はすでに述べたように陳是作の 21 平縁同向式神獣鏡と同環であり、陳是作と考えられるので、262 も陳是作と考えられる。

262 はいくつかの張氏・張是銘鏡とも同環であるが、泰始 9 年（273 年）銘鏡の作者である張氏・張是は後世の工人であるが先人の陳是に敬意を表して、262 の鋸歯環を継承したのである。

表 5-3　262 聖仏鎮円圏規矩鳥文鏡の同環鏡

262 聖仏鎮鏡（鏡径 155 mm）の同環鏡（環径　128,119,111 mm）				
通し番号	略称	鏡径（mm）	同環の環径（mm）	出土地
19	魏晋の方格規矩鏡	168	128	
24	**安満宮山青龍 3 年**（235 年）銘方格規矩鏡	174	128	
48	岡山鶴山丸山三角縁 3 神 2 獣鏡	236	119	
49	兵庫親王塚三角縁獣文帯3 神 3 獣鏡	215	111	
54	大阪阿武山三角縁獣文帯3 神 3 獣鏡	221	119	
58	鳥取馬の山三角縁 3 神 2 獣鏡	216	128	
70	京都樫原百々ケ池三角縁2 神 2 獣鏡	224	119	
78	奈良佐味田宝塚三角縁4 神 4 獣鏡	238	119	
93	岡山車塚三角縁**陳氏作**2 神 2 車馬鏡	222	119	
126	山梨大丸山三角縁獣文帯3 神 3 獣鏡	170	128	

127	岡山鶴山丸山変形方格規矩 4 神鏡	170	119	
150	群馬三本木 斜縁 2 神 2 獣鏡	154	111	
154	兵庫笹倉亀山 同向式画文帯神獣鏡	148	119	
171	浙江省上虞県石氏作 盤龍鏡	150	128, 111	中国
216	沖ノ島 三角縁神獣鏡	222	119	
239	鴨都波① 斜縁 2 神 4 獣鏡	185	128	
240	鴨都波② 斜縁波文帯 2 神 4 獣鏡	207	111	
280	黒塚 18 号張氏作 3 神 5 獣鏡	226	111	
290	雪野山 三角縁唐草文帯 4 神 4 獣鏡	242	128	
301	椿井大塚山 7 張氏作 3 神 5 獣鏡	226	119	
314	椿井大塚山 20 吾作 3 神 5 獣鏡	225	111	
319	椿井大塚山 25	220	119	

	獣文帯 2 神 2 獣鏡			
322	椿井大塚山 28 **張是作** 4 神 4 獣鏡	218	119	
323	椿井大塚山 29 波文帯盤龍鏡	245	128	
327	西求女塚 3 号 三角縁 3 神 5 獣鏡	225	111	
335	太田南 5 号**青龍 3 年銘** 方格規矩鏡	174	128	
353	黒塚 18 号**張氏作**銘 三角縁銘帯 3 神 5 獣鏡	226	119	

(262, 24)

24 安満宮山青龍 3 年（235 年）銘方格規矩鏡が 262 と同環である。
同一工人作品である。陳是は 262 を中国で作り、置き土産にした。
24 は中国で作ったものを、日本に持ち込んだか、あるいは日本で製
作したかのどちらかであろう。

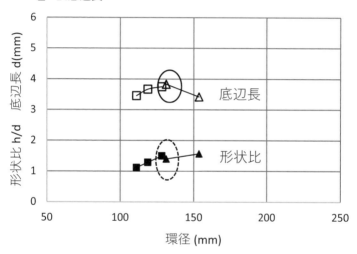

図 5-8　(262, 24)の形状比と底辺長

(262, 93)

93 岡山車塚**陳氏作**三角縁 2 神 2 車馬鏡（鏡径 222 ㎜）が同環である。
262 が**陳氏作品**であることがわかる。

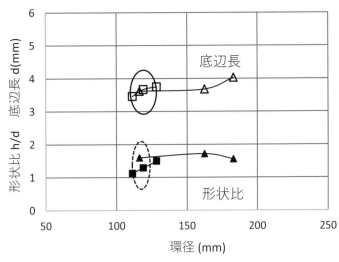

図5-9 (262, 93)の形状比と底辺長

(262, 239)

239 鴨都波①斜縁2神4獣鏡は 262 と同環である。239 も陳氏作品である。

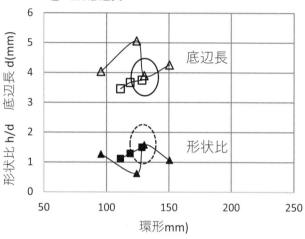

（262,239）の形状比と底辺長

- ■── 262聖仏鎮円圏規矩鳥文鏡（形状比）
- ▲── 239鴨都波①斜縁2神4獣鏡（形状比）
- □── 262底辺長
- △── 239底辺長

底辺長

形状比

形状比 h/d　底辺長 d(mm)

環形mm)

図 5-10　262, 239)の形状比と底辺長

以上のことから、262 聖仏鎮円圏規矩鳥文鏡が中国での陳氏作品であ
ることがわかる。

5.4　133 北京市収集円圏規矩鳥文鏡の同環鏡

福永伸哉・森下章司「河北省出土の魏晋鏡」史林 2000 年 p128 によれ

ば 133 北京市円圏規矩鳥文鏡の内区構成は 262 聖仏鎮円圏規矩鳥文
鏡と同一であると述べられている。

133 の同環鏡 8 面を下表に示した。

多くの陳是銘鏡と同環であり、133 が中国での陳是作品であることが
わかる。

表 5-4　133 北京市収集円圏方格規矩鳥文鏡の同環鏡

133 北京市収集鏡（鏡径 166 ㎜）の同環鏡（環径 120 ㎜）				
通し番号	略称	鏡径（mm）	同環の環径（mm）	出土地
15	椿井 M31 号三角縁 3 神 5 獣鏡 （315 椿井大塚山 21 **吾作** 3 神 5 獣鏡と同じ）	215	120	
50	三つ塚 4 号 三角縁 3 神 3 獣鏡	220	120	
56	岡山車塚三角縁**陳是作** 4 神 2 獣鏡	220	120	
132	易県燕下都**吾作甚獨奇銘** 方格規矩鳥文鏡	154	120	
199	黒塚**吾作徐州銘** 4 神 4 獣鏡	225	120	

318	椿井大塚山 24 **陳是作** 4 神 2 獣鏡	220	120	
328	西求女塚 5 号三角縁**陳是作** 5 神 5 獣鏡	218	120	
332	西求女塚 9 号三角縁吾作**銅出徐州銘** 4 神 4 獣鏡	224	120	

(133, 132)

132 中国河北易県燕下都「吾作甚獨奇」銘方格規矩鳥文鏡（鏡径 154
㎜）が同環である。両者とも陳是作品となる。

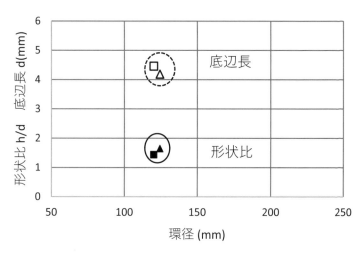

(133, 132)の形状比と底辺長

■133北京市収集円圏規矩鳥文鏡（形状比）

▲132中国河北吾作甚獨奇銘方格規矩鳥文鏡（形状比）

□133底辺長

△132底辺長

底辺長

形状比

環径 (mm)

図 5-11　（133, 132）の形状比と底辺長

132 中国河北易県燕下都「吾作甚獨奇」銘方格規矩鳥文鏡（鏡径 154 mm）

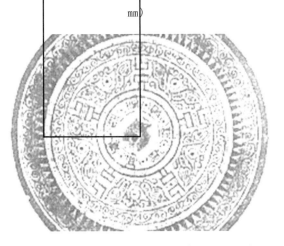

133 北京市収集円圏規矩鳥文鏡（鏡径 166 mm）

(133, 318)

318 椿井大塚山 24 **陳是作** 4 神 4 獣鏡（鏡径 220 ㎜）が同環である。

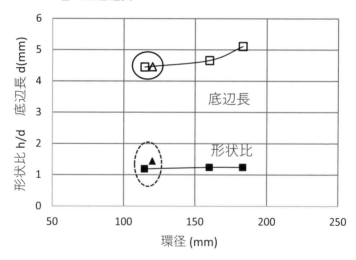

図 5-12　（133, 318)の形状比と底辺長

(133, 328)

328 西求女塚 5 号三角縁**陳是作** 5 神 5 獣鏡（鏡径 218 mm）が同環である。133 が陳是作品と同環である。133 は陳是作品となる。

(133, 328)の形状比と底辺長

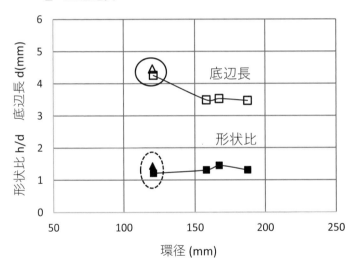

図 5-13　（133, 328)の形状比と底辺長

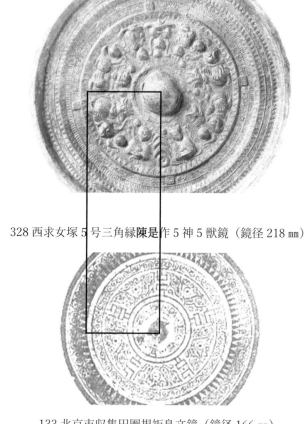

328 西求女塚 5 号三角縁陳是作 5 神 5 獣鏡（鏡径 218 ㎜）

133 北京市収集円圏規矩鳥文鏡（鏡径 166 ㎜）

133 北京市収集円圏方格規矩鳥文鏡の同環鏡に中国出土鏡は見当たらない。すべて日本出土鏡である。しかも、陳是銘鏡や銅出徐州銘鏡や吾作甚獨奇銘鏡など、陳是作品と考えられる鏡のみである。

これらは同一作者である。すなわち、陳是が、中国で 132 易県燕下都

102

吾作甚獨奇銘方格規矩鳥文鏡、133 北京市収集鏡,および 178 邴各庄鏡を作り、日本渡来後、多くの三角縁神獣鏡を作ったのである。

5.5　263 懐来県獣帯鏡（鏡径 105 ㎜）の同環鏡

『平縁で、特徴的な玄武の像が「特異な規矩鏡群」と関連が深い』、と史林 p 130 にある。

懐来県で発掘されたようであるが、懐来県は河北省張家口市の県であるらしい。

263 懐来県獣帯鏡（鏡径 105 ㎜）の同環鏡 7 面を下表に示した。

陳是は 263 の鋸歯環を自作の 21 に採用したと思われる。

日本出土の同環鏡は 263 と同一工房の中国製と考えられる。

表 5-5　263 懐来県獣帯鏡の同環鏡

263 懐来県獣帯鏡（鏡径 105 ㎜）の同環鏡（環径 86、75 ㎜）				
通し番号	略称	鏡径 (mm)	同環の 環径 (mm)	出土地
21	安満宮山 5 号**陳是作** 平縁同向式神獣鏡	176	75	
64	岡山鶴山丸山	169	86	

		変形 4 禽鏡			
124	武昌所作黄初 2 年（221 年）同向式神獣鏡		120	86	中国
136	前橋天神山変形獣形鏡		165	86	
139	山梨銚子塚ダ龍鏡		157	86	
159	京都宇治変形 4 獣鏡		120	86	
253	黄武 5 年（226 年）対置式神獣鏡		103	75	中国

(263, 21)

21 安満宮山陳是作同向式神獣鏡（鏡径 176 ㎜）が同環である。

陳是は 263 の 2 環の中間的な位置に、自分の 2 I 安満宮山鏡の第 4 環を持ってきている。

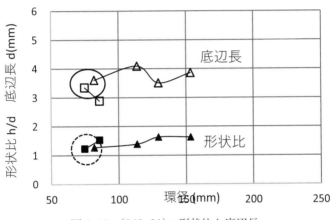

図5-14　(263, 21)の形状比と底辺長

(263, 124)

124 武昌所作黄初2年（221年）同向式神獣鏡（鏡径120㎜）が同環である。これは武昌で黄初2年221年に作られたものである（鏡が語る古代史 p200）。

220年曹丕が魏を建国、221年に劉備が蜀を建国、同じ年に孫権は鄂湖北省鄂州市に都を移して武昌と名づけた（同 p198）。

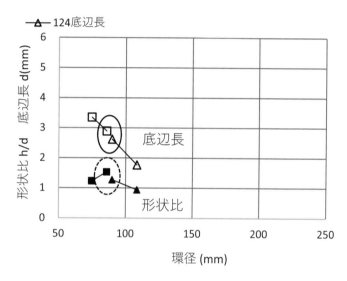

図 5-15 　(263, 124)の形状比と底辺長

(263, 253)

253 黄武 5 年（226 年）対置式神獣鏡（鏡径 103 ㎜）が同環である。
黄武は呉王孫権の元号で 222 年から 229 年である。したがって 253 は
呉の鏡ということになる。

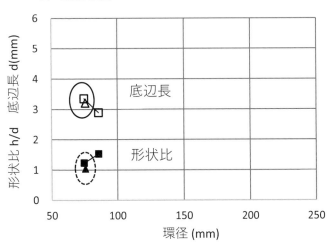

図 5-16 （263, 253）の形状比と底辺長

263 は二つの鋸歯環を 124 黄初 2 年鏡と 253 黄武 5 年鏡から採っている。おそらく 124、253 と同じく呉鏡であろう。それが、陳是がいた河北省にもたらされたのであろう。陳是はその二つの鋸歯環の平均的な鋸歯環を 21 安満宮山 5 号**陳是作**平縁同向式神獣鏡の最小環とした。

このように、河北省出土の「特異な規矩鏡」はすべて陳是・陳氏作品であることが明らかになった。反転L字、長方形紐孔、外周突線などが三角縁神獣鏡と共通しているので、三角縁神獣鏡と関連があること、さらに言えば、同一工人によって作られているのではないかということが、ここに、「特異な規矩鏡」が陳是・陳氏作品であることが証明されて、いまや確実となった。しかし、それ以降の推論は異なる。今までは、「したがって、三角縁神獣鏡は中国で作られ日本に舶載された」ということになっていたが、本研究では、陳是・陳氏作品の三角縁神獣鏡が多数あることが鋸歯文によって証明され、そのため到底それらが中国で作られたということは考えられず、陳是・陳氏が日本に渡って作ったとならざるを得ないのである。

6. 陳是が手本とした青盖作鏡の同環境

陳是銘鏡や三角縁神獣鏡で後漢鏡と一致する鋸歯文を持つ、すなわち同環の鏡があるときがあって驚かされる。それは、陳是が、後漢鏡の青盖作鏡を手本として、その鋸歯環を写して自分の鏡に移植しているためである。

国内出土の青盖鏡に 167 岐阜城塚青盖鏡と 289 国分茶臼山青盖作銘盤龍鏡がある。これらは陳是が日本に渡来した際に、持参したものと著者らは考えるが、それらの同環鏡は以下のようである。

6.1 167 岐阜城塚青盖作獣帯鏡の同環鏡

60年代に鏡工の有志らが「青盖」工房を立ち上げた（鏡が語る古代史

p105)。

167 岐阜城塚**青盖作**獣帯鏡は 166 永平 7 年（64 年）尚方作獣帯鏡に続いて製作されたようである（岡村秀典：鏡が語る古代史 2017、p79）。したがって永平 7 年（64 年）に近い年代の鏡と考えられる。

167 の同環鏡は少ない。それより前の王莽時代の 165 佐賀桜馬場方格規矩鏡があるのみである。167 は鏡径 200 ㎜と大型であり。環径も第 1 環が 172 ㎜、第 2 環が 145 ㎜と大きい。鏡が小型化する魏晋時代には、この環径は中国では引き継がれなかったと考えられる。

167 の同環鏡 7 面をまとめて下表に示した。
後漢時代の青盖作品である 167 を携えて陳是は日本に渡来した。陳是は魏時代の小さく鋭い鋸歯よりも後漢時代の 167 のような大きなゆるやかな鋸歯を好んだ。この 167 の鋸歯環で三角縁神獣鏡を作った。

表 6-1　167 岐阜城塚**青盖作**獣帯鏡の同環鏡

167 青盖作鏡（鏡径 203 ㎜）の同環鏡（環径 172,145mm）				
通し番号	略称	鏡径（ｍｍ）	同径の環径（ｍｍ）	出土地
4	前橋 三角縁 4 神 4 獣鏡	215	172	
8	出土地不明	210	145	

	三角縁 2 神 2 獣鏡			
41	京都百々ケ池 三角縁 3 仏 3 獣鏡	205	145	
165	**佐賀桜馬場** 方格規矩鏡	230	172	
248	造山 1 号墳 方格規矩鳥文鏡	173	145	
298	椿井大塚山 4 櫛波文帯 4 神 4 獣鏡	221	172	
355	黒塚 20 号**王氏作銘** 三角縁銘帯 4 神 4 獣鏡	223	145	

(167, 4)

4 前橋三角縁 4 神 4 獣鏡（鏡径 215 ㎜）が同環である。

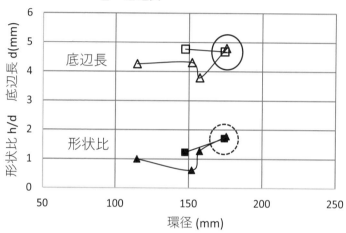

図 6-1 (167, 4)の形状比と底辺長

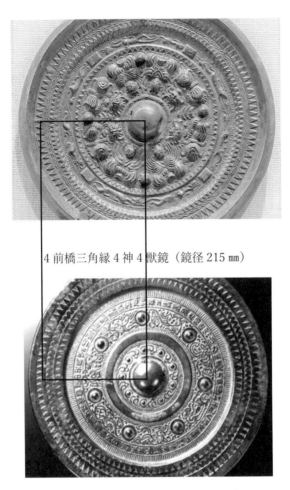

4 前橋三角縁 4 神 4 獣鏡（鏡径 215 ㎜）

167 岐阜城塚青盖作鏡（鏡径 200 ㎜）

(167, 8)

8出土地不明三角縁2神2獣鏡（鏡径210 mm）が同環である。2環で
同径であり、8は167の二つの鋸歯環をそっくり写したように見える。
陳是が渡来した初期の鏡と考えられる。

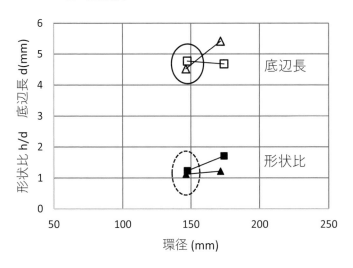

図 6-2 　（167, 8）の形状比と底辺長

(167, 41)

41 京都百々ケ池三角縁 3 仏 3 獣鏡（鏡径 205 ㎜）が同環である。41
も初期の鏡と考えられる。

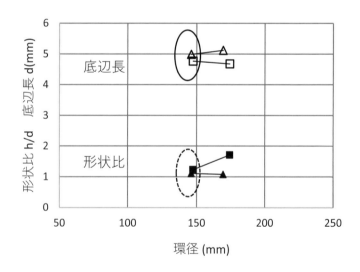

図 6-3 （167, 41）の形状比と底辺長

(167, 165)

165 佐賀桜馬場尚方作方格規矩鏡（鏡径 232 ㎜）は王莽の新の時代に制作された（鏡の古代史 p 70）。165 の環径を 167 は引き継いだことになる。

(167,165)の形状比と底辺長

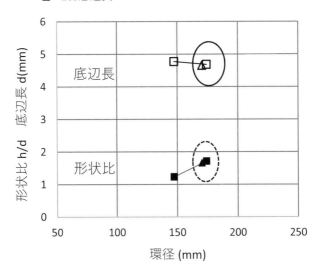

図 6-4　(167, 165)の形状比と底辺長

165 佐賀桜馬場尚方作方格規矩鏡（鏡径 232 ㎜）

167 岐阜城塚青盖作鏡（鏡径 203 ㎜）

6.2　289 国分茶臼山青盖作銘盤龍鏡の同環鏡

289 国分茶臼山青盖作銘盤龍鏡は鏡径 139 ㎜と小径であるが、青盖作という重大な銘がある。これが本当に青盖作なのであろうか。以下それを検討する。

289 の同環鏡 26 面をまとめて下表に示した。

同環鏡が驚くほど多い。中国の漢代の古代鏡にも同環鏡が若干ある。しかし、圧倒的に日本出土の三角縁神獣鏡に同環鏡が多いのである。これはどのように説明されるのであろうか。

表 6-2　289 国分茶臼塚青盖作銘盤龍鏡の同環鏡

289 青盖作銘鏡（鏡径 139 ㎜）の同環鏡 （環径 122、112、102 ㎜）				
通し番号	略称	鏡径 (mm)	同環の環径 (mm)	出土地
37	岐阜長塚 三角縁獣文帯 3 神 3 獣鏡	216	112	
51	鳥取大将塚 三角縁獣文帯 3 神 3 獣鏡	223	122	
64	岡山鶴山丸山変形 4 禽鏡	169	122	
91	景初 3 年(239 年)銘大阪黄金塚	233	122	

		画文帯同向式神獣鏡			
100		景初4年広峯**陳是作** 斜縁盤龍鏡	168	122	
106		三重保子里ダ龍鏡	139	102	
127		岡山鶴山丸山 変形方格規矩4神鏡	170	112	
147		岡山鶴山丸山 変形獣帯鏡	153	102	
148		岡山鶴山丸山 変形方格規矩鏡	170	112	
150		群馬三本木 斜縁2神2獣鏡	154	112	
164		香川津頭西 画文帯環状乳鏡	148	102	
171		浙江省上虞県**石氏作** 盤龍鏡	150	112	中国
173		江蘇省名工**杜氏作** 獣帯鏡	150	112	中国
177		**留守営** 方格規矩鳥文鏡	158	122	中国
192		江田船山 獣文帯鏡	178	122	
194		江田船山	148	102	

	環状乳神獣鏡			
202	黒塚三角縁（1）	226	112	
216	沖の島 三角縁2神2獣鏡	222	112	
240	鴨都波② 斜縁波文帯2神4獣鏡	207	112	
251	寺床1号墳 龍虎画像鏡	129	102	
262	**聖仏鎮** 円圏規矩鳥文鏡	155	112	中国
267	**鄂州銅鏡** 建安21年(216年)鏡	137	102	中国
280	黒塚18号**張氏作** 3神5獣鏡	226	112	
301	椿井大塚山7**張氏作** 3神5獣鏡	226	112	
327	西求女塚3号 三角縁3神5獣鏡	225	112	
348	黒塚13号張是作三角縁銘帯 4神4獣鏡	218	112	
358	黒塚23号 三角縁銘帯3神5獣鏡	219	112	

(289, 91)

91 大阪黄金塚景初 3 年（239 年）銘鏡（鏡径 233 ㎜）が同環である。
91 は陳是作品である。陳是は中国から持参した 289 の鋸歯環を自分
の景初 3 年銘鏡に移植したのである。

(289,91)の形状比と底辺長

─■─ 289国分茶臼山青盖作銘盤龍鏡（形状比）

─▲─ 91大阪黄金塚景初3年（239年）銘鏡（形状比）

─□─ 289底辺長

─△─ 91底辺長

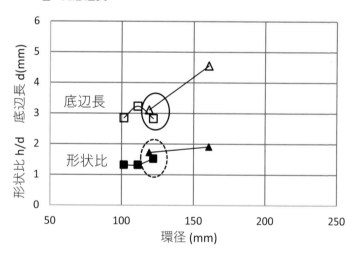

図 6-5 （289, 91)の形状比と底辺長

(289, 100)

景初 4 年銘で陳是銘のある 100 景初 4 年広峯陳是作斜縁盤龍鏡（鏡径 168 ㎜）が 289 と底辺長が一致する同数鏡である。同じ盤龍鏡である。91 の景初 3 年銘鏡に続いて、青盖鏡の 289 の第 1 環の鋸歯文を採用した。

景初 4 年は実在しない年号で、陳是が中国の改元を知らないで、作ったものと考えられる。289 の最大環の環径を使用し、中国鏡らしく見せるために形状比を大きくとって作ったと考えられる。

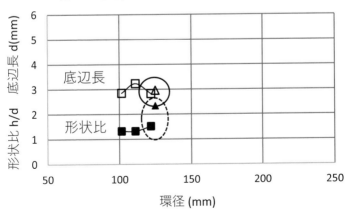

図 6-6　(289,100)の形状比と底辺長

(289, 171)

中国出土の 171 石氏作盤龍鏡（鏡径 150 ㎜）がその第 2 環で 289 の中央環と同環である。171 は中国浙江省上虞県出土で、紀元 80 年頃石氏よって作られたといわれているものである（岡村秀典　「鏡が語る古代史」p112-123）。石氏鏡は、陳是作鏡の同環鏡として、よく出てくる鏡である。289 の銘文通り、289 が青盖作であるならば、どちらかが相手を手本にしたことになる。青盖の方がやや早いと思われるので、石氏は 289 を手本に自分の 171 を作ったのであろうか。両者は同じ盤龍鏡である。

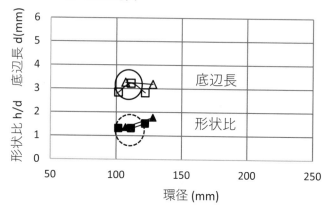

図 6-7　(289,171)の形状比と底辺長

(289, 173)

中国出土鏡の名工杜氏作の173浙江省**名工杜氏作**獣帯鏡（鏡径150㎜）
が環径は少しずれるが、289の第2環と同環である。173は西暦90年
ごろの作（岡村秀典「鏡が語る古代史」p129）であるらしいので、先
の石氏作の171と同じく、173の作者杜氏も289を手本としたのであ
ろう。

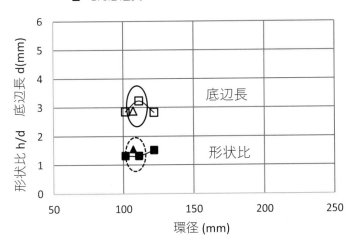

図 6-8　(289,173)の形状比と底辺長

(289, 177)

中国出土の 177 留守営方格規矩鳥文鏡（史林 2000 p123）も 289 の
最大環と同環である。中国時代陳是は 289 を所有しており、それの鋸
歯文を写して、「特異な規矩鏡」の一つである 177 を作ったと考えら
れる。

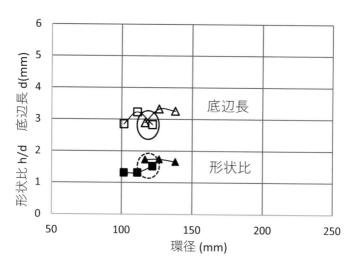

図 6-9 （289,177)の形状比と底辺長

(289, 240)

240 鴨都波②斜縁波文帯 2 神 4 獣鏡 (鏡径 207 mm) も 289 の中央環と同環である。この場合も陳是は 289 の鋸歯文をもとに、大きな三角縁神獣鏡を作った。

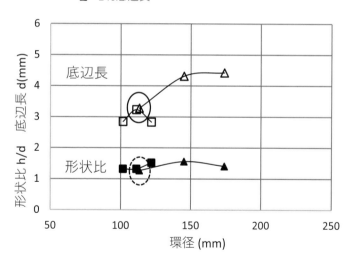

図 6-9　(289,240)の形状比と底辺長

(289, 262)

中国河北省出土の 262 聖仏鎮円圏規矩鳥文鏡（史林 2000 p122, 126）
（鏡径 155 mm）は 289 の中央環と同環である。262 は鋸歯文から陳是
作品と判定された 24 安満宮山青龍 3 年銘鏡と同環であることから陳
是作品と判定された中国出土鏡である。陳是が青盖作品から鋸歯環を
採用して、262 聖仏鎮鏡を作り、さらに 24 安満宮山鏡を作ったので
あろう。

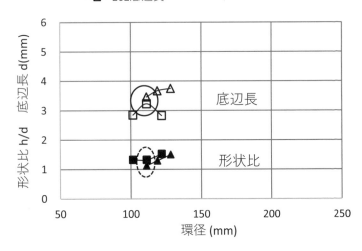

図 6-10　(289,262)の形状比と底辺

以上のことから、陳是・陳氏は青盖作品の 167 城塚青盖作鏡と 289
茶臼山盤龍鏡の鋸歯文から多くの三角縁神獣鏡を作ったことがわか
るのである。

7．陳是・陳氏銘鏡の同環鏡

ここまで、三角縁神獣鏡は、陳是・陳氏が日本渡来し作ったもので
あることを、述べてきたが、直接的に国内出土の陳是・陳氏銘鏡の
同環鏡を調べる方が、話が早いのである。以下それを述べる。
同環鏡を調べた陳是・陳氏銘鏡は下表のようである。

表 7-1　同環鏡を探索した陳是銘鏡と陳氏銘鏡

陳是銘鏡		陳氏銘鏡	
通し番号	名称	通し番号	名称
12	正始元年陳是作 三角縁同向式神獣鏡	6	野洲大岩山 至海東陳氏作銘 三角縁神獣車馬鏡
21	安満宮山 5 号陳是作 平縁同向式神獣鏡	55	神奈川大塚山陳氏作 4 神 2 獣鏡
56	岡山車塚陳是作 三角縁 4 神 2 獣鏡	93	岡山車塚陳氏作 三角縁 2 神 2 車馬鏡
57	岡山車塚陳是作 三角縁 4 神 2 獣鏡 （56 と同范）		
86	岡山車塚陳是作 三角縁神獣車山鏡		

91	景初3年銘大阪黄金塚 画文帯同向式神獣鏡		
98	景初3年銘神原神社 **陳是作** 三角縁同向式神獣鏡		
100	景初4年銘福知山広峯 **陳是作** 斜縁盤龍鏡		
328	西求女塚5号**陳是作** 三角縁5神5獣鏡		
341	黒塚6号陳**是作**銘 三角縁銘帯4神4獣鏡		
342	黒塚7号陳**是作**銘 三角縁獣帯4神4獣鏡		

これらの陳是・陳氏銘鏡の同環鏡の2, 3の例を以下に示す。

例えば、21の同環鏡は下表のように多数あるのである。それらはすべて陳是作品である。

7.1 21安満宮山陳是作平縁同向式神獣鏡の同環鏡

21安満宮山陳是作平縁同向式神獣鏡の同環鏡を下表に示した。

表7-2 21安満宮山**陳是作**平縁同向式神獣鏡の同環鏡

21安満宮山鏡(鏡径176mm)の同環鏡(環径153,129,114,82mm)				
通し	略称	鏡径 (mm)	同環の 環径	出土

番号			(mm)	地
4	前橋 三角縁4神4獣鏡	215	154	
11	前橋 三角縁5神4獣鏡	223	117	
14	新山**西王母** 三角縁神獣鏡（313と同范）	226	117	
19	魏晋の方格規矩鏡	168	130	
24	安満宮山**青龍3年（235年）銘** 方格規矩4神鏡	174	154	
36	大分亀甲山 三角縁波文帯3神3獣鏡	215	154	
50	兵庫三つ塚4号 三角3神3獣鏡	220	130	
56	岡山車塚**陳是作** 三角縁4神2獣鏡	220	117	
67	滋賀野洲冨波 三角縁2神2獣鏡	218	117	
76	三重山神 三角縁3神2獣鏡	233	130	
83	奈良佐味田宝塚 三角縁対置式神獣鏡	218	117	

86	岡山車塚**陳是作** 三角縁神獣車馬鏡	260	117	
140	出土地不詳 4 獣鏡	112	86	
177	**留守営** 方格規矩鳥文鏡	158	130	中国
178	**邴各庄** 方格規矩鳥文鏡	134	117	中国
181	福岡立岩 方格規矩鏡	200	154	
241	鴨都波③ 斜縁波文帯 3 神 3 獣鏡	214	154	
262	**聖仏鎮** 円圏規矩鳥文鏡	155	130	中国
290	雪野山 三角縁唐草文帯 4 神 4 獣	242	130	
299	椿井大塚山 5 櫛波紋帯 4 神 4 獣鏡	221	117	
312	椿井大塚山 18 画文帯 5 神 5 獣鏡	218	117	
313	椿井大塚山 19 **吾作** 4 神 4 獣鏡	226	154	
323	椿井大塚山 29 波文帯盤龍鏡	245	154	

328	西求女塚5号 三角縁**陳是作**5神5獣	218	117	
340	黒塚5号 三角縁獣帯5神4獣鏡	225	117	

以上の鏡のうち、重要なものの鋸歯文を見てみる。

(21, 11)

11 前橋三角縁5神4獣鏡（鏡径223 mm）が同環である。

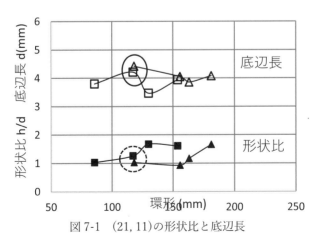

図 7-1 （21, 11）の形状比と底辺長

(21, 50)

50 兵庫三つ塚 4 号三角縁 3 神 3 獣鏡（鏡径 220 ㎜）が同環である。

(21, 50)の形状比と底辺長

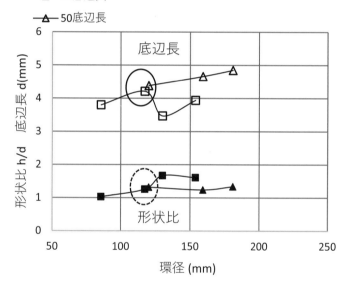

図 7-2　(21, 50)の形状比と底辺長

(21, 56)

56 岡山車塚**陳是作**三角縁 4 神 2 獣鏡（鏡径 220 mm）が同環である。**陳是作銘鏡同士で同環である**。同環が同一作者である証拠となる。

(21, 56)の形状比と底辺長

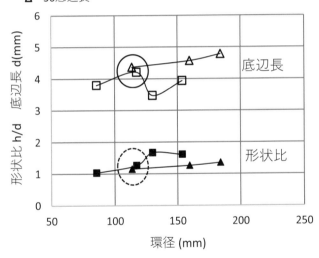

- 21安満宮山5号陳是作平縁同向式神獣鏡（形状比）
- 56岡山車塚陳是作三角縁4神2獣鏡（形状比）
- 21底辺長
- 56底辺長

底辺長

形状比

図 7-3　(21, 56)の形状比と底辺長

(21, 86)

86 岡山車塚**陳是作**三角縁神獣車馬鏡（鏡径 260 ㎜）が同環である。
同じ陳是銘鏡同士で同環である。同環鏡は同一作者であることを示
す証拠である。

(21, 86)の形状比と底辺長

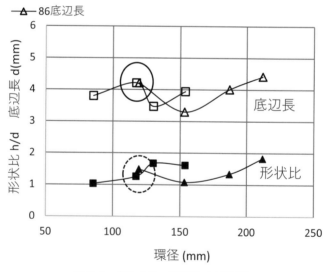

図 7-4　(21, 86)の形状比と底辺長

134

(21, 177)

177 留守営方格規矩鳥文鏡（鏡径 158 mm）が同環である。「特異な規矩鏡」の一つの 177 が中国時代の陳是作品であることが示される。

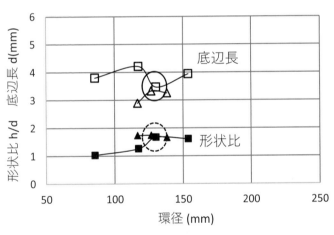

図 7-5　(21, 177)の形状比と底辺長

(21, 178)

178 邴各庄方格規矩鳥文鏡（鏡径 134 mm）が同環である。178 も「特異な規矩鏡」の一つである。178 も陳是作品の 21 と同環であり、178 が陳是作品であることが示される。

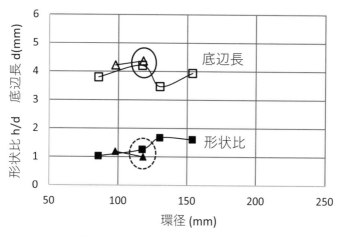

図 7-6 　(21, 178)の形状比と底辺長

(21, 262)

262 聖仏鎭円圏規矩鳥文鏡（鏡径 155 ㎜）が同環である。262 も
「特異な規矩鏡」である。陳是作品であることが示される。

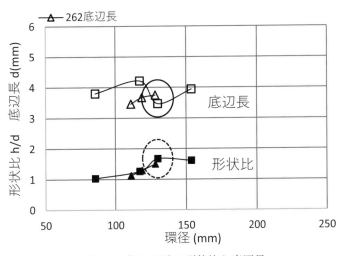

図 7-7　(21, 262)の形状比と底辺長

(21, 299)

299 椿井大塚山 5 櫛波紋帯 4 神 4 獣鏡（鏡径 221 ㎜）が同環である。
299 が陳是作品であることがわかる。

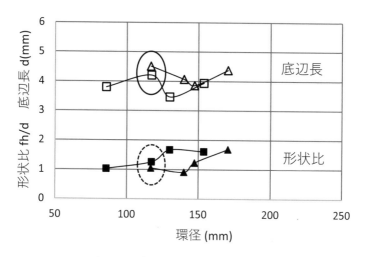

図 7-8 （21, 299）の形状比と底辺長

(21, 328)

328 西求女塚 5 号**陳是作**三角縁 5 神 5 獣鏡（鏡径 218 ㎜）が同環である。同じ陳是作銘鏡同士で同環である。同環鏡が同一作者である証拠となる。

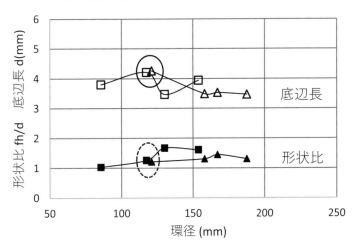

図7-9 (21, 328)の形状比と底辺長

このように、21には同環鏡が多数ある。しかも、それらの同環鏡は、ほとんどすべて、日本出土鏡であり、中国鏡の同環鏡は、「特異な規矩鏡」と、青盖作鏡と同環の一部の「後漢鏡」だけである。これらのことから、陳是・陳氏は青盖時代の大きくゆるやかな鋸歯文を復活させ、それで、「特異な規矩鏡」を中国で作り、それらを置き土産として中国に残し、日本に渡来し、日本の豊富な銅資源を利用して、大型の三角縁神獣鏡を作ったと推定されるのである。

7.2　56 岡山車塚陳是作三角縁 4 神 2 獣鏡の同環鏡

下表に 56 の同環鏡 25 面を示した。56 の同環鏡は多い。

これらの同環鏡鏡はすべて陳是作品と考えられる。

鏡径の小さい 178 邧各庄方格規矩鳥文鏡が中国での陳是作品であると推定される。

張氏作品の 300 は張氏が先行の三角縁神獣鏡の 160 ㎜の環径の鋸歯環をまねたものである。

表 7-3　　56 岡山車塚**陳是作**三角縁 4 神 2 獣鏡の同環鏡

56 岡山車塚**陳是作**鏡 (鏡径 220 ㎜) の同環鏡 (環径 184,160,114 ㎜)				
通し番号	略称	鏡径 (mm)	同環の 環径 (mm)	出土地
1	国分茶臼山**用青同** 三角縁神獣鏡	222	184, 160	
14	新山**西王母** 三角縁神獣鏡	226	114	
20	大阪ヌク谷「吾作甚獨奇」銘 三角縁 3 神 3 獣鏡 (39,180 と同范)	211	184	
21	安満宮山 5 号**陳是作**平縁 同向式神獣鏡	176	114	
26	安満宮山	225	114	

	三角縁獣文帯 4 神 4 獣鏡			
37	岐阜長塚 三角縁獣文帯 3 神 3 獣鏡	216	184, 160	
39	佐賀谷口**吾作銘** 三角縁 3 神 3 獣鏡 （20、180 と同范）	210	184	
50	兵庫三つ塚 4 号 三角縁 3 神 3 獣鏡	220	184, 184	
58	鳥取馬の山 三角縁 3 神 2 獣鏡	216	184, 160	
63	福岡藤崎 三角縁盤龍鏡	245		
155	八尾郡川画像鏡	206	160	
178	**邩各庄** **方格規矩鳥文鏡**	134	114	中国
180	一貴山銚子塚「吾作甚獨奇」銘 三角縁神獣鏡（20、39 と同范）	212	184	
224	東京亀塚神人歌舞画像鏡	208	160	
294	雪野山**しん出銘**三角縁 4 神 4 獣鏡	242	160	
298	椿井大塚山 4 櫛波文帯 4 神 4 獣鏡	221	114	
299	椿井大塚山 5 櫛波文帯	221	114	

	4 神 4 獣鏡			
300	椿井大塚山 6 **張氏作** 4 神 4 獣鏡	238	160	
318	椿井大塚山 24 **陳是作** 4 神 2 獣鏡	220	すべて	
340	黒塚 5 号 三角縁獣帯 5 神 4 獣鏡	225	114	
342	黒塚 7 号陳是作銘 三角縁獣帯 4 神 4 獣鏡	223	184, 160	
346	黒塚 11 号 三角縁銘帯 4 神 4 獣鏡 （360 と同范）	220	114	
347	黒塚 12 号 三角縁銘帯 4 神 4 獣鏡 （366 と同范）	218	160	
356	黒塚 21 号**張氏作銘** 三角縁獣帯 4 神 4 獣鏡	237	160	
360	黒塚 25 号 三角縁銘帯 4 神 4 獣鏡 （346 と同范）	220	114	
366	黒塚 31 号 三角縁銘帯 4 神 4 獣鏡 （347 と同范）	220	160, 114	

(56, 1)

1 国分茶臼山用青同三角縁 4 神 2 獣鏡（鏡径 222 ㎜）が同環である。第 1 環と第 2 環で底辺長が一致しており、形状比も近い。また、3 環全体で環径が一致している。両者は同一作者と考えられる。すなわち1 は日本での陳是作品なのである。

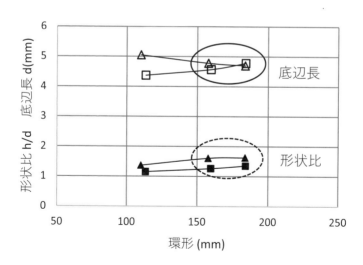

(56, 1)の形状比と底辺長

━■━56岡山車塚三角縁陳是作4神2獣鏡（形状比）

━▲━1国分茶臼山用青同三角縁4神2獣鏡（形状比）

━□━56底辺長

━△━1底辺長

図 7-10 （56, 1）の形状比と底辺長

(56, 20)

20 大阪ヌク谷「吾作甚獨奇」銘三角縁 3 神 3 獣鏡（鏡径 211 mm）（39、180 と同范）が同環である。20 の「吾作甚獨奇」銘鏡が日本での陳是作品であることがわかる。

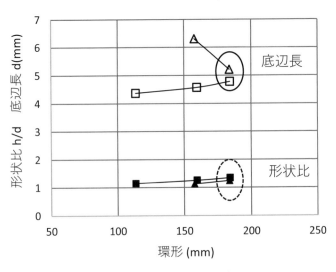

(56, 20)の形状比と底辺長

—■— 56岡山車塚陳是作三角縁4神2獣鏡（形状比）

—▲— 20大阪ヌク谷吾作甚獨奇銘三角縁3神3獣鏡（形状比）

—□— 56底辺長

—△— 20底辺長

図 7-11　(56, 20)の形状比と底辺長

(56, 21)

21 安満宮山 5 号**陳是作**平縁同向式神獣鏡（鏡径 176 mm）が同環である。陳是作品同士で同環である。陳是は自分の作品に同一の鋸歯環を使用したのである。

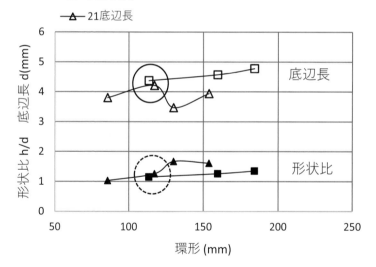

図 7-12　（56, 21）の形状比と底辺長

(56,26)

26 安満宮山三角縁獣文帯 4 神 4 獣鏡（鏡径 225 ㎜）が同環である。

(56,26)の形状比と底辺長

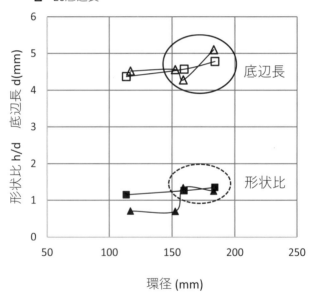

図 7-13　（56, 26)の形状比と底辺長

(56, 178)

中国河北省出土の 178 **邴各庄**方格規矩鳥文鏡が同環である。陳是の中国への置き土産がまた見つかった。

史林 2000 年福永伸哉・森下章司 p 126 は、この 178 邴各庄鏡が、「遼寧省遼陽三道壕」から出土した「銅出徐州」銘方格規矩鳥文鏡の鳥文表現において酷似している、といっている。この銅出徐州鏡は我々の通し番号 18 の銅出徐州鏡である。18 は 66 滋賀大岩山陳氏作三角縁神獣馬車鏡と同環であることから陳氏作品と考えられるので酷似しているはずである。両者とも、陳是・陳氏作品なのである。

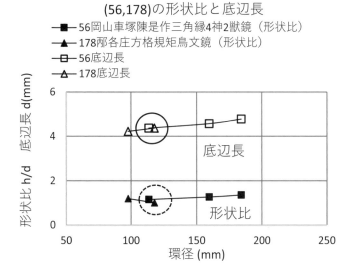

図 7-14　(56, 178)の形状比と底辺長

147

7.3 86 岡山車塚陳是作三角縁神獣車山鏡の同環鏡

下表に 86 の同環鏡 15 面を示した。86 にも多くの同環鏡がある。

大きい環径の 187 ㎜と 153 ㎜では日本出土の三角縁神獣鏡のみが同環であった。これらは陳是作品である。

小さい 119 ㎜の環径で、中国出土の 132 中国河北**易県**「吾作甚獨奇」銘方格規矩鳥文鏡と 133 **北京市**収集円圏規矩鳥文鏡が同環であった。これらが陳是作品であることは、4 章及び 5 章でそれぞれ示した。陳是が中国時代に作ったものである。

陳是は、中国に数面の鏡を残し、日本に渡来し、多くの三角縁神獣鏡などを製作したのである。

表 7-4　　86 岡山車塚**陳是作**三角縁神獣車山鏡の同環鏡

86 岡山車塚鏡(鏡径 260 ㎜)の同環鏡(環径 212,187,153,119mm)				
通し番号	略称	鏡径（mm）	同環の環径（mm）	出土地
14	新山**西王母** 三角縁神獣鏡（313 と同范）	226	187	
29	神戸ヘボソ塚 三角縁 2 神 2 獣鏡	213	153	
47	愛知出川大塚	221	187	

	三角縁 3 神 3 獣鏡			
50	兵庫三つ塚 4 号 三角縁 3 神 3 獣鏡	220	119	
67	滋賀野洲冨波 三角縁 2 神 2 獣鏡	218	187	
70	京都百々ケ池 三角縁 2 神 2 獣鏡	224	187	
81	兵庫吉島 三角縁唐草文帯 4 神 4 獣鏡	234	153	
93	岡山車塚**陳是作** 三角縁 2 神 2 車馬鏡 （95 と同范）	222	187	
132	中国河北**易県**「吾作甚獨奇」銘 方格規矩鳥文鏡	154	119	中国
133	**北京市**収集 円圏規矩鳥文鏡	166	119	中国
313	椿井大塚山 19 **吾作** 4 神 4 獣鏡（14 と同范）	226	187	
319	椿井大塚山 25 獣文帯 2 神 2 獣鏡	220	187	
326	西求女塚 2 号 三角縁**吾作** 4 神 4 獣鏡 **224**	224	187	
327	西求女塚 3 号	225	187	

	三角縁 3 神 5 獣鏡			
328	西求女塚 5 号 三角縁**陳是作** 5 神 5 獣鏡	218	153,119	

(86, 47)

47 愛知出川大塚三角縁 3 神 3 獣鏡が同環である。47 は底辺長が図の原点を通る直線をなす、各鋸歯環に乗る鋸歯の数が同数であるという、特異な鏡である。これも陳是作なのである。

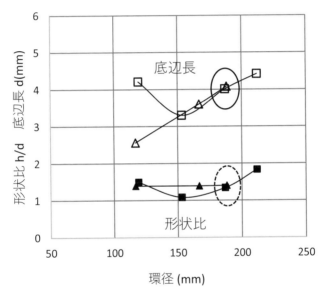

図 7-15　(86, 47) の形状比と底辺長

(86, 328)

同じ陳是作銘の 328 西求女塚 5 号**陳是作**三角縁 5 神 5 獣鏡が同環である。同一作者は同一鋸歯環を使ったのである。

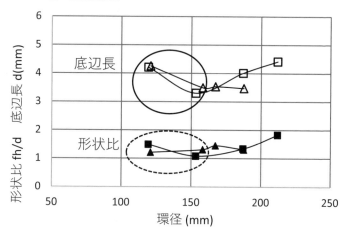

図 7-16　(86, 328)の形状比と底辺長

7.4　328 西求女塚 5 号三角縁陳是作 5 神 5 獣鏡の同環鏡

　藤尾慎一郎著「日本の先史時代」中公新書　2021 年　p 221 に、『三角縁神獣鏡 1 ～ 2 期の鏡しか持たない神戸市西求女塚古墳』という言葉が出ている。初期の三角縁神獣鏡しか持たないとされるこの西求女塚古墳の鏡を調べることとした。

ネットに「西求女塚第5次・7次発掘調査概報」がでており、それを資料（原典、原書）とした。

銅鏡11面、内三角縁神獣鏡7面とでている。

328西求女塚5号三角縁陳是作5神5獣鏡（鏡径218㎜）の同環鏡25面をまとめて下表に示した。

328自体が陳是作銘であるので、328の同環鏡は、ほとんど陳是作品ということになる。多くの三角縁神獣鏡が同環である。また、すでに、中国での陳是・陳氏作品と判定されている133北京市収集円圏規矩鳥文鏡、178**邴各庄**方格規矩鳥文鏡も新たに328と同環であることによって、さらに陳是作品であることが追認された。132**河北省易県「吾作甚獨奇」**銘方格規矩鳥文鏡も同数鏡であることによって、中国での陳是作品であることが追認された。

さらに、328は銘通り、陳是作品であることが86岡山車塚三角縁**陳是作**神獣車山鏡によって確認された。

原本では、陳是作銘であり、銘文は1号鏡に似ているとある。牛谷天神鏡が同范であるともある。

表7-5　328西求女塚5号三角縁**陳是作**5神5獣鏡の同環鏡

328西求女塚鏡（鏡径218㎜）の同環鏡（環径188,167,158,121mm）				
通	略称	鏡径	同環の	出

し番号		(mm)	環径(mm)	土地
4	前橋 三角縁4神4獣鏡	215	158	
25	安満宮山1号 三角縁環状乳4神4獣鏡	218	188	
29	神戸ヘボソ塚 三角縁2神2獣鏡	213	158	
32	京都大芝車塚 三角縁2神2獣鏡（29と同范）	217	158	
47	愛知出川大塚 三角縁3神3獣鏡	221	167	
50	兵庫三つ塚4号 三角縁3神3獣鏡	220	121	
51	鳥取大将塚 三角縁獣文帯3神3獣鏡 （47と同范）	223	167	
53	岡山花光寺山 三角縁獣文帯3神3獣鏡	218	188,167	
67	滋賀野洲冨波 三角縁2神2獣鏡	218	158,121	
83	奈良佐味田宝塚	218	121	

	三角縁対置式神獣鏡			
86	岡山車塚三角縁**陳是作** 神獣車山鏡	260	121	
133	**北京市**収集 円圏規矩鳥文鏡	166	121	中 国
178	**邳各庄** 方格規矩鳥文鏡	134	121	中 国
233	奈良平林 交互式神獣鏡	215	167	
312	椿井大塚山18 画文帯5神5獣鏡	218	188, 167, 158	

(328, 4)

4 前橋三角縁4神4獣鏡が同環である。328 は**陳是作**銘である。4 が
陳是作品となる。

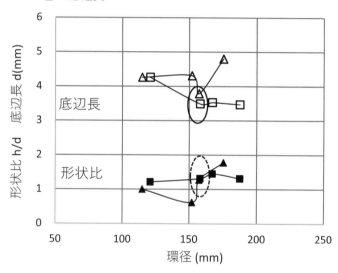

図 7-17 （328, 4）の形状比と底辺長

7.5 341 黒塚 6 号陳是作銘三角縁銘帯 4 神 4 獣鏡

の同環鏡

黒塚古墳では34面の鏡が出土しているが、そのなかで341黒塚6号三角縁銘帯4神4獣鏡、342三角縁獣帯4神4獣鏡が陳是作銘である。

341の同環鏡と同数鏡、計34面を下表に示した。同環鏡がイヤというほどある。341が陳是作品であるからこれらの同環鏡は、張是が真似た鏡を除けば、すべて陳是作品である。既出の**銅出徐州銘鏡、「吾作甚獨奇」銘鏡、紀年銘鏡**が同環であり、それらが陳是作品であることが改めて示される。また他の工人銘はないが同環の三角縁神獣鏡などが陳是作品であることがわかるのである。110番台から160番台までの間は同環鏡がないが、それは、その間の鏡が大体、中国製神獣鏡、日本出土1環鏡であるためである。

表7-6　341黒塚6号陳是作銘三角縁銘帯4神4獣鏡の同環鏡

341黒塚6号鏡（鏡径220㎜）の同環鏡（環径179, 160, 150, 108mm）				
通し番号	略称	鏡径（ｍｍ）	同環の環径（mm）	出土地
2	国分茶臼山**銅出徐州銘** 三角縁4神4獣鏡	231	150	
7	京都長法寺南原 三角縁3神3獣鏡	227	179	

9	奈良金崎 三角縁2神2獣鏡	208	150	
28	京都大芝 三角縁2神2獣鏡	217	160	
33	静岡松林山「**吾作甚獨奇**」**銘** 2神2獣鏡	213	179	
85	山口宮の洲 三角縁同向式神獣鏡	236	160	
87	大阪黄金塚 三角縁波文帯盤龍鏡	245	179	
91	**景初3年(239年)銘**大阪黄金塚 画文帯同向式神獣鏡	233	160	
98	**景初3年(239年)銘**神原神社 三角縁同向式神獣鏡	230	160	
104	貝吹山ダ龍鏡	227	160	
107	新山変形方格規矩鏡	243	179	
186	朝日谷2号墳1号鏡	187	160	
195	江田船山同向式神獣鏡	209	160	
197	東之宮斜縁同向式神獣鏡	211	160	
217	沖ノ島 方形帯方格規矩鏡	262	160	
241	鴨都波③ 斜縁波文帯3神3獣鏡	214	179	

280	黒塚 18 号 **張氏作** 3 神 5 獣鏡	226	179	
290	雪野山 三角縁唐草文帯 4 神 4 獣鏡	242	179	
296	椿井大塚山 2 **吾作** 4 神 4 獣鏡	198	150	
297	椿井大塚山 3 **吾作** 4 神 4 獣鏡（296 と同范）	198	150	
322	椿井大塚山 28 **張是作** 4 神 4 獣鏡	218	179	
323	椿井大塚山 29 波文帯盤龍鏡	245	179	
328	西求女塚 5 号 **陳是作** 三角縁 5 神 5 獣鏡	218	160	
331	西求女塚 8 号 **吾作** 三角縁 4 神 4 獣鏡	198	150, 160	
335	太田南 5 号 **青龍 3 年銘** 方格規矩鏡	174	150	
343	黒塚 8 号 三角縁神人龍虎画像鏡	223	179	
345	黒塚 10 号 三角縁 3 神 4 獣鏡	218	150	
346	黒塚 11 号	220	108,	

	三角縁銘帯 4 神 4 獣鏡 （360 と同范）		150	
347	黒塚 12 号 三角縁銘帯 4 神 4 獣鏡 （366 と同范）	218	160	
348	黒塚 13 号**張是作** 三角縁銘帯 4 神 4 獣鏡	218	150	
349	黒塚 14 号 三角縁画文帯 6 神 3 獣鏡	218	179	
352	黒塚 17 号 三角縁波文帯盤龍鏡	247	179	
360	黒塚 25 号 三角縁銘帯 4 神 4 獣鏡 （346 と同范）	220	179	
361	黒塚 26 号**張是作銘** 三角縁銘帯 4 神 4 獣鏡	218	179	
366	黒塚 31 号 三角縁銘帯 4 神 4 獣鏡 （347 と同范）	220	150	

(341, 7)

7 京都長法寺南原三角縁 3 神 3 獣鏡（鏡径 227 ㎜）が同環である。

(341, 7)の形状比と底辺長

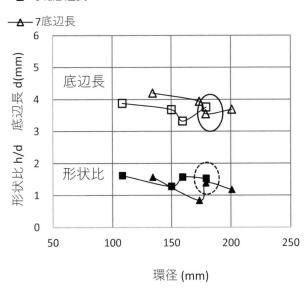

—■— 341黒塚6号陳是作銘三角縁銘帯4神4獣鏡（形状比）

—▲— 7京都長法寺南原三角縁3神3獣鏡（形状比）

—□— 341底辺長

—△— 7底辺長

図 7-18　（341, 7)の形状比と底辺長

(341, 33)

33 静岡松林山吾作銘 2 神 2 獣鏡（鏡径 213 ㎜）が同環である。33 は
何度も出てくる有名な「吾作甚獨奇」銘鏡である。

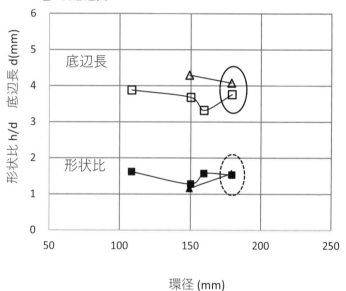

図 7-19　（341, 33）の形状比と底辺長

7.6 342 黒塚 7 号陳是作銘三角縁獣帯 4 神 4 獣鏡の同環鏡

342 黒塚 7 号陳是作銘三角縁獣帯 4 神 4 獣鏡の同環鏡 36 面を下表に示した。同環鏡の多さに驚かされる。銅鏡製作の最盛期の鏡と考えられる。

55, 56, 57 の陳是・陳氏銘鏡と同環である。陳是銘鏡同士で同環である。342 と同環の三角縁神獣鏡などは陳是作品である。90 番台から170 番台まで同環鏡はないが、その間の銅鏡は中国製神獣鏡、日本出土の 1 環鏡、中国後漢鏡などであるからである。日本出土の 1 環鏡は大部分中国製と考えられ、陳是銘鏡は中国鏡との同環関係は、「特異な規矩鏡」を除いてはないのである。342 は中国鏡の 172 石氏作永元 3年鏡と同環であるが、これは陳是が意識的に写し取ったものである。

表 7-7　342 黒塚 7 号陳是作銘三角縁獣帯 4 神 4 獣の同環鏡

通し番号	略称	鏡径（mm）	同環の環径（mm）	出土地
	342 黒塚 7 号鏡（223 mm）の同環鏡（環径 183, 170, 156, 116mm）			
1	国分茶臼山**用青同** 三角縁 4 神 2 獣鏡	222	156	
2	国分茶臼山**銅出徐州銘** 三角縁獣文帯 4 神 4 獣鏡	231	170	
7	京都長法寺南原 三角縁 3 神 3 獣鏡	227	170	
14	新山**西王母** 三角縁神獣鏡	226	183	
26	安満宮山 3 号 三角縁獣文帯 4 神 4 獣鏡	225	183, 156	
34	島根大成 三角縁唐草文帯 2 神 2 獣鏡	234	183	
37	岐阜長塚 三角縁獣文帯 3 神 3 獣鏡	216	183	
49	兵庫親王塚 三角縁獣文帯 3 神 3 獣鏡	215	156	
50	兵庫三つ塚 4 号 三角縁 3 神 3 獣鏡	220	183, 156	

164

55	神奈川大塚山**陳氏作** 三角縁 4 神 2 獣鏡	221	183, 156, 116	
56	岡山車塚**陳是作** 三角縁 4 神 2 獣鏡	220	183, 156, 116	
57	岡山車塚**陳是作** 三角縁 4 神 2 獣鏡	220	183, 156, 116	
58	鳥取馬の山 三角縁 3 神 2 獣鏡	216	183, 156	
59	岡山車塚**新作銘** 三角縁 4 神 4 獣鏡（2 と同范）	232	183	
60	滋賀織部山 三角縁 4 神 4 獣鏡	234	183	
67	滋賀野洲冨波 三角縁 2 神 2 獣鏡	218	116	
82	岡山車塚 三角縁画文帯 5 神 4 獣鏡	220	116	
83	佐味田宝塚 三角縁対置式神獣鏡	218	183, 170	
87	大阪黄金塚 三角縁波文帯盤龍鏡	245	170	

88	大阪郡川西塚尚方作 神人歌舞像鏡	206	156	
154	兵庫笹倉亀山 画文帯同向式神獣鏡	148	116	
155	八尾郡川 画像鏡	206	116	
172	**石氏作永元 3 年(91 年)** 画像鏡	250	183	中 国
185	新山**尚方作** 三角縁神獣鏡	223	183	
216	沖ノ島 三角縁 2 神 2 獣鏡	222	183, 170	
224	東京亀塚 神人歌舞画像鏡	208	156	
233	奈良平林 交互式神獣鏡	215	156	
313	椿井大塚山 19 吾作 4 神 4 獣鏡	226	183	
314	椿井大塚山 20 吾作 3 神 5 獣鏡	225	183	
318	椿井大塚山 24 **陳是作** 4 神 2 獣鏡（55, 56, 57 と同范）	220	156	
338	黒塚 3 号	232	183	

	三角縁銘帯 4 神 4 獣鏡			
347	黒塚 12 号 三角縁銘帯 4 神 4 獣鏡	218	156	
352	黒塚 17 号 三角縁波文帯盤龍鏡	247	170	
361	黒塚 26 号**張是作** 三角縁銘帯 4 神 4 獣鏡	218	116	
363	黒塚 28 号 三角縁獣帯 4 神 4 獣鏡	225	116	
366	黒塚 31 号 三角縁銘帯 4 神 4 獣鏡 （347 と同范）	220	156	

(342, 1)

1 国分茶臼山**用青同**三角縁 4 神 2 獣鏡（鏡径 222 ㎜）が同環である。
1 は 2 環で陳是銘鏡の 342 と同環である。1 が陳是作品であることが
明確にわかり、陳是作品であれば日本製であることがわかる。

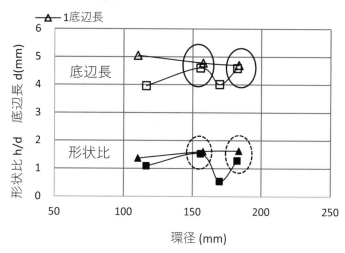

図7-20　（342, 1)の形状比と底辺長

(342, 2)

2国分茶臼山**銅出徐州**銘三角縁4神4獣鏡（鏡径231㎜）が同環である。2も1に続いて陳是作品であることが示される。「銅出徐州」の銘は陳是が自分の作品を中国風に装ったからである。

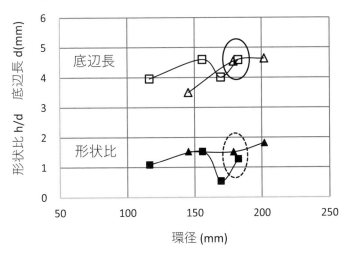

図 7-21　（342, 2)の形状比と底辺長

(342, 56)

56 岡山車塚**陳是作**三角縁 4 神 2 獣鏡（鏡径 220 ㎜）が同環である。56 は 57、58、318 という同笵鏡がある。すべて同じ図となる。陳是銘鏡同士であるから、同環であっておかしくない。陳是は同一の鋸歯

環を使用したことがよくわかる。

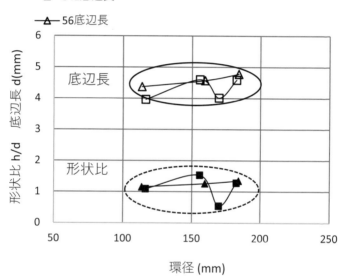

図 7-22　(342, 56)の形状比と底辺長

以上が陳是銘鏡の同環鏡である。以下に数は少ないが、陳氏銘鏡の同環鏡を示す。ここで採りあげた陳氏銘鏡は 6 滋賀野洲**陳氏作**三角縁神獣車馬鏡と 93 岡山車塚**陳氏作**三角縁 2 神 2 車馬鏡である。

7.7 　6滋賀野洲陳氏作三角縁神獣車馬鏡の同環鏡

6滋賀野洲**陳氏作**三角縁神獣車馬鏡の同環鏡をまとめて下表に示した。18の中国出土の銅出徐州銘鏡が陳氏作品であることを示している。陳氏は中国で18を製作し、その後日本に渡って、6を含めて下表に示した鏡を作ったのである。

表7-8　6滋賀野洲**陳氏作**三角縁神獣車馬鏡の同環鏡

6滋賀野洲鏡（鏡径257㎜）の同環鏡（環径218,190,116mm）				
通し番号	略称	鏡径（mm）	同環の環径（mm）	出土地
18	遼寧省三道壕**銅出徐州銘**　方格規矩文鏡	168	116	中国
43	岡山車塚　三角縁波文帯6神4獣鏡	250	218	
55	神奈川大塚山**陳氏作**　4神2獣鏡	221	116	
67	滋賀野洲冨波　三角縁2神2獣鏡	218	190	
298	椿井大塚山4　櫛波紋帯4神4獣鏡	221	116	

171

(6, 18)

中国出土の 18 三道壕銅出徐州銘方格規矩文鏡が同環である。18 が中国時代の陳氏作品であることがわかる。

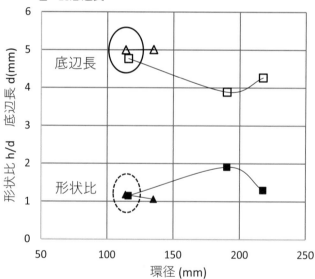

図 7-23 (6, 18)の形状比と底辺長

18 三道壕銅出徐州銘方格規矩鳥文鏡（鏡径 168 mm）

6 滋賀野洲大岩山**陳氏作**三角縁 2 神 2 獣車馬鏡（鏡径 257 mm）

173

7.8 93岡山車塚陳氏作2神2車馬鏡の同環鏡

93岡山車塚陳氏作2神2車馬鏡も陳氏作品である。

93の同環鏡24面を下表に示した。93も同環鏡が多い。183㎜の環径は後漢初期の172石氏作永元元年（91年）に端を発している。陳氏はその環径を継承した。後漢鏡は環径が大きいのである。陳氏は中国で262聖仏鎮鏡を作り、その116㎜の環径を日本に移植したと考えられる。陳氏は日本でそれらの環径の同環鏡を多数作った。吾作甚獨奇銘のある33松林山鏡が、日本での陳氏作品であるという重大事実を提示している。

表7-9　　93岡山車塚陳氏作2神2車馬鏡の同環鏡

93岡山車塚鏡（鏡径222㎜）の同環鏡(環径183,163,116mm)				
通し番号	略称	鏡径 （mm）	同環の 環径 （mm）	出土地
11	前橋 三角縁5神4獣鏡	233	183	
33	静岡**松林山**吾作銘 三角縁2神2獣鏡	213	183	
70	京都樫原百々ケ池 三角縁2神2獣鏡	224	183	

82	岡山車塚 三角縁画文帯5神4獣鏡	220	163	
107	新山 変形方格規矩鏡	243	183	
127	岡山鶴山丸山 変形方格規矩4神鏡	127	116	
172	**石氏作**永元3年（91年） 画像鏡	250	183	中国
233	奈良平林 交互式神獣鏡	215	163	
262	**聖仏鎮** 円圏規矩鳥文鏡	155	116	中国
301	椿井大塚山7 張氏作3神5獣鏡	226	116	
314	椿井大塚山20 吾作3神5獣鏡	225	183,163 ,116	
319	椿井大塚山25 獣文帯2神2獣鏡	220	183,163 ,116	
327	西求女塚3号 三角縁3神5獣鏡	225	183, 163, 116	
340	黒塚5号 三角縁獣帯5神4獣鏡	225	183	

346	黒塚 11 号 三角縁銘帯 4 神 4 獣鏡 （360 と同范）	220	163	
347	黒塚 12 号 三角縁銘帯 4 神 4 獣鏡 （366 と同范）	218	183	
349	黒塚 14 号 三角縁画文帯 6 神 3 獣鏡	218	183	
351	黒塚 16 号 三角縁銘帯 3 神 5 獣鏡 （353 と同范）	227	183	
353	黒塚 18 号**張氏作銘** 三角縁銘帯 3 神 5 獣鏡	226	183	
354	黒塚 19 号 三角縁銘帯 4 神 4 獣鏡	223	183	
360	黒塚 25 号 三角縁銘帯 4 神 4 獣鏡 （346 と同范）	220	183	
361	黒塚 26 号**張是作銘** 三角縁銘帯 4 神 4 獣鏡	218	183	
363	黒塚 28 号 三角縁獣帯 4 神 4 獣鏡	225	183	
366	黒塚 31 号	220	183	

	三角縁銘帯 4 神 4 獣鏡			

(93, 11)

11 前橋三角縁 5 神 4 獣鏡が同環である。第 2 環で同数である。

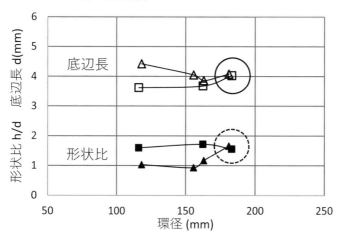

図 7-24 　(93, 11)の形状比と底辺長

(93, 33)

33 静岡松林山吾作甚獨奇銘三角縁 2 神 2 獣鏡が同環である。

93 岡山車塚陳氏作 2 神 2 獣鏡は、なんと「吾作甚獨奇」銘で有名な33 **松林山鏡**と同環なのである。33 が陳氏作品ということになる。33は中国の 132 易県燕下都「吾作甚獨奇」銘方格規矩地理文鏡と同じ銘文を有し、したがって中国から舶載されたとされて、三角縁神獣鏡中国産説の有力な論拠となっている鏡である。これが、陳氏作品であるとはどういうことであろうか。真相は、132 は陳氏が中国で作り、33は陳氏が来日後、製作したということである。

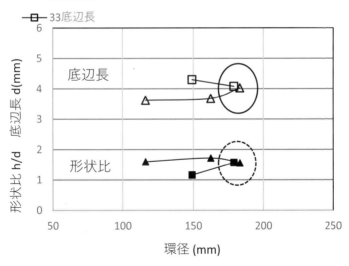

図 7-25　(93, 33)の形状比と底辺長

以上陳是、陳氏銘鏡の同環鏡を見てきたが、中国河北省出土の「特異な規矩鏡」が中国時代の陳是・陳氏作品であり、彼らは日本出土の三角縁神獣鏡を主体とした多くの鏡を作っていたことがわかる。彼らは、中国で修業したのち、日本に渡来し、日本の豊富な銅資源を利用して、大型の鏡を多数作ったのである。

8．有名古墳出土鏡の同環鏡

今までの結果から、鋸歯文は個々の鏡の素姓を示す人間でいえばDNA のようなものであることがわかった。ここでは、この鋸歯文を使って、個々の古墳から出土した鏡の素姓を調べてみることとする。結果的にそれらは、多くの青銅鏡と同環であった。そして、鋸歯文も酷似していた。その中のどれかには陳是などの作者の銘が入っている例が多く、同環の鏡全体が陳是作品と考えられる。陳是らは、組織的に三角縁神獣鏡を量産したのである。

8.1　16奈良佐味田宝塚三角縁画像鏡の同環鏡

16 は有名古墳である奈良佐味田宝塚古墳出土の三角縁神獣鏡である。16 奈良佐味田宝塚宜孫子銘三角縁画像鏡は図像が鮮明であることと、奈良佐味田宝塚古墳という有力な古墳出土であることから選択したが、多くの同環鏡（16 面）が見つかった。

陳氏作銘と陳是作銘の 55、56、57 とも同環であるので、16 は陳是作品か陳氏作品である。

16 は日本出土の「吾作甚獨奇」銘鏡の 20, 180, 287 とも同環である。

中国出土鏡に同環鏡はなかった。

表 8-1　16 奈良佐味田宝塚**宜孫子**銘三角縁画像鏡の**同環鏡**

16 佐味田鏡（鏡径 211 ㎜）の**同環鏡**（環径 184,159 ㎜）				
通し番号	略称	鏡径（mm）	同環の環径（mm）	出土地
1	国分茶臼塚**用青同** 三角縁 4 神 2 獣鏡	222	159	
3	椿井大塚山 三角縁獣文帯 4 神 4 獣鏡	233	184	
20	大阪ヌク谷**吾作甚獨奇銘** 三角縁 3 神 3 獣鏡	211	159	
34	島根大成 三角縁唐草文帯 2 神 2 獣鏡	234	184	
50	兵庫三つ塚 4 号 三角縁 3 神 3 獣鏡	220	184	
55	神奈川大塚山**陳氏作** 三角縁 4 神 2 獣鏡	221	184	
56	岡山車塚**陳是作** 三角縁 4 神 2 獣鏡	220	184	
57	岡山車塚**陳是作**	220	184	

	三角縁 4 神 2 獣鏡			
70	京都百々ケ池 三角縁 2 神 2 獣鏡	224	159	
180	一貴山銚子塚**吾作甚獨奇銘** 三角縁神獣鏡（20 と同范）	212	184	
287	谷口古墳鏡（20、180 と同范）	212	184	
292	雪野山 三角縁波文帯盤龍鏡	247	184	
318	椿井大塚山 24 陳是作 4 神 2 獣鏡(55, 56, 57 と同范)	220	184	

(16, 1)

1 国分茶臼塚三角縁 4 神 4 獣鏡が同環である。1 は「吾作明鏡 用青同至海東」銘がある有名な鏡である。海東は日本を指しているとされ、中国の工人が日本に渡来した証拠とされたが、海東は中国古来の東方の理想郷の意味だと反論されて、反ってこの鏡が中国製であるという根拠とされた。これが、16 のような他の三角縁神獣鏡と同環である。第 1 環で同径、第 2 環で同環である。4 乳であるなど図像も似ている。

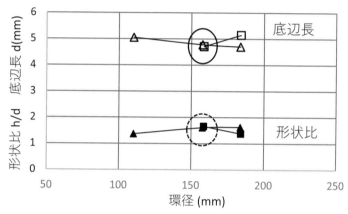

図 8-1　(16, 1)の形状比と底辺長

(16, 20)

20 大阪ヌク谷「吾作甚獨奇」銘三角縁 3 神 3 獣鏡が同環である。20 は 39 佐賀谷口三角縁 3 神 3 獣鏡、180 一貴山銚子塚三角縁神獣鏡と同笵であり、33 松林山鏡とは異なる「吾作甚獨奇」銘のある日本出土鏡である。20 も日本製である。第 1 環で同環、第 2 環で同径である。

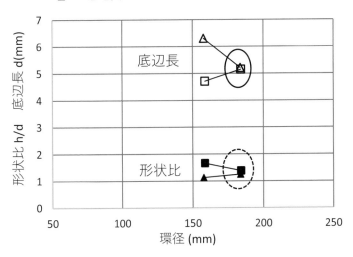

(16,20)の形状比と底辺長

- ■ 16奈良佐味田宝塚三角縁画像鏡（形状比）
- ▲ 20大阪ヌク谷吾作甚獨奇銘3神3獣鏡（形状比）
- □ 16底辺長
- △ 20底辺長

図 8-2　（16, 20）の形状比と底辺長

(16, 55)

55 神奈川大塚山「**陳氏作**」三角縁 4 神 2 獣鏡が同環である。したがって 16 は陳氏作品となる。

また 55 は 56 岡山車塚「陳是作」三角縁 4 神 2 獣鏡，57 岡山車塚「陳是作」三角縁 4 神 2 獣鏡と同笵であるので、16 は自動的に 56, 57 とも同環である。

ここで述べる 16 と同環の鏡すべてが陳是作品である。

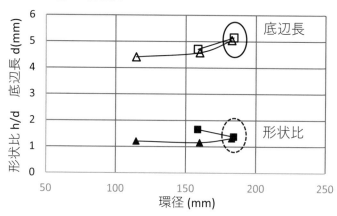

図 8-3 （16, 55）の形状比と底辺長

8.2 315 椿井大塚山 21 吾作 3 神 5 獣鏡の同環鏡

椿井大塚山鏡については「椿井大塚山古墳と三角縁神獣鏡　京都大学
文学部博物館図録、平成元年（1989 年）、思文閣出版」から、鏡の外
観と鏡径を入手し、36 枚すべての鏡の同環鏡を探索した。ここではそ
の中で、無作為に 315 椿井大塚山 21 吾作 3 神 5 獣鏡を採りあげた。

椿井大塚山鏡 36 面のなかから、無作為に選んだ 315 は多くの三角縁神獣鏡と同環である。陳是が手本とした中国鏡の 166 永平 7 年（64年）鏡の名残をとどめている。315 は陳是作銘の 21 と 341 の二つの鏡と同環であるので陳是作品となる。陳是作品と推定した 2 面の青龍 3 年銘鏡とも同環である。

張氏作銘の鏡とも同環であるが、それは張氏が陳是作鏡を手本としたためである。

表 8-2　　315 椿井大塚山 21 吾作 3 神 5 獣鏡の同環鏡

315 椿井大塚山 21 鏡（鏡径 215 ㎜）の同環鏡（環径 76,156,148,110mm）				
通し番号	略称	鏡径（ｍ ｍ）	同環の環径（mm）	出土地
4	前橋天神山 三角縁 4 神 4 獣鏡	215	176	
7	京都長法寺南原 三角縁 3 神 3 獣鏡	227	176	
14	新山**西王母** 三角縁神獣鏡	226	110	
21	安満宮山 5 号**陳是作** 平縁同向式神獣鏡	176	156,110	

185

24	安満宮山 2 号青龍 3 年銘方格 規矩 4 神鏡	174	156	
28	京都大芝 三角縁 2 神 2 獣鏡	217	156	
33	静岡松林山吾作銘 三角縁 2 神 2 獣鏡	213	148	
67	滋賀野洲冨波 三角縁 2 神 2 獣鏡	218	156	
82	岡山車塚 三角縁画文帯 5 神 4 獣鏡	220	110	
166	永平 7 年（64 年）尚方作 獣帯鏡	190	148	中 国
249	造山 1 号墳 方格規矩 4 神鏡	189	148	
280	黒塚 18 号張氏作 3 神 5 獣鏡	226	156	
313	椿井大塚山 19 吾作 4 神 4 獣鏡	226	156,110	
314	椿井大塚山 20 吾作 3 神 5 獣鏡	225	156	
335	太田南 5 号青龍 3 年 銘方格規矩鏡	174	156	
341	黒塚 6 号陳是作銘	220	176,	

			156	
346	黒塚 11 号 三角縁銘帯 4 神 4 獣鏡	220	156, 110	
347	黒塚 12 号 三角縁銘帯 4 神 4 獣鏡	218	148, 110	
358	黒塚 23 号 三角縁銘帯 3 神 5 獣鏡	219	176	
360	黒塚 25 号 三角縁銘帯 4 神 4 獣鏡 （346 と同范）	220	156, 110	
366	黒塚 31 三角縁銘帯 4 神 4 獣鏡 （347 と同范）	220	110	

(315, 21)

21 安満宮山 5 号陳是作平縁同向式神獣鏡（鏡径 176 ㎜）が同環である。しかも 2 環で同環である。21 は陳是作銘である。315 は**陳是作品**となる。

187

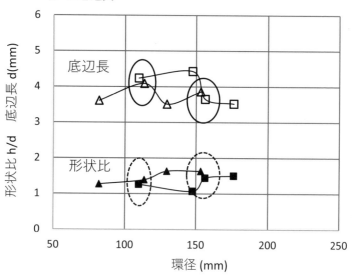

図 8-4　（315, 21）の形状比と底辺長

（315, 24）

24 安満宮山 2 号青龍 3 年銘鏡（鏡径 174 ㎜）が同環である。

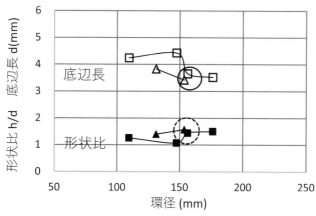

図 8-5　（315, 24）の同環鏡

(315, 33)

33 静岡松林山「吾作甚獨奇」銘三角縁 2 神 2 獣鏡（鏡径 213 ㎜）が
同環である。

33 は中国鏡と同じ「吾作甚獨奇」銘を有する三角縁神獣鏡であるため、
三角縁神獣鏡が中国で作られたという根拠になっている鏡である。そ
うであれば、この 33 と同環である 315 も中国製ということになり、
果てはほとんど全部の三角縁神獣鏡が中国製ということになる魏志
倭人伝のいう 100 鏡にとどまらない。100 鏡以上のものは、仿製であ

189

るとすれば、鋸歯文まで中国製を写し取ったことになる。ありえない
ことである。そのうえ、日本人では銘文を書くのは不可能であろう。
33 は日本出土の 93 岡山車塚**陳氏作** 2 神 2 車馬鏡と同環で、かつ多く
の三角縁神獣鏡と同環である日本での**陳氏作品**である。315 も**陳氏作
品**となる。

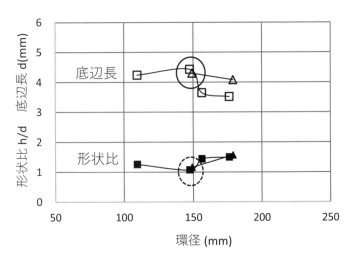

(315,33)の形状比と底辺長

——■——315椿井大塚山21吾作3神5獣鏡（形状比）

——▲——33静岡松林山吾作甚獨奇銘三角縁2神2獣鏡（形状比）

——□——315底辺長

——△——33底辺長

図 8-6　（315, 33）の形状比と底辺長

8.3 325 椿井大塚山 36 鏡の同環鏡

古墳には多数の三角縁神獣鏡の他に、中国鏡が 1 面程度埋葬されていることが多い。それらのひとつは椿井大塚山鏡では 325 椿井大塚山 36 画文帯神獣鏡である。325 は形状比と底辺長が 2 近くに集まっている。これは日本出土鏡にはなく、一部の中国出土鏡に見られる特徴である。それだけで、325 が中国製であることが分かるが、実は、「鏡が語る古代史」p163 で中国製神獣鏡の一つの 2 世紀後半から 3 世紀後半の**九子作品**の 118 **九子対置式神獣鏡**であることがわかった。325 には三角縁神獣鏡に同環鏡はない。同環・同数鏡も中国出土鏡が多い。湖北省出土の 119 呉造対置式神獣鏡が同環である。この鏡は岡村秀典：「鏡が語る古代史」　p167 で 200 年代前半頃の鏡と考えられているものである。325 と同環の 160 京都百々ケ池古墳出土鏡も中国製と考えられる。

表 8-3　315 椿井大塚山 21 吾作 3 神 5 獣鏡の同環鏡

325 椿井大塚山 36 鏡（鏡径 138 ㎜）の同環鏡（環径 95 ㎜）				
通し番号	略称	鏡径（ｍｍ）	同環の環径（mm）	出土地
119	湖北省**呉造**対置式神獣鏡	150	95	中国

191

160	京都百々ケ池 画文帯神獣鏡	130	95	
334	椿井大塚山 36 画文帯神獣鏡	138	95	
369	黒塚棺内 画文帯神獣鏡	135	95	

(325, 117)

117 九子環状乳神獣鏡が同数である。117 は「鏡が語る古代史」によれば、2 世紀後半から 3 世紀前半にかけての作品とある。同じ九子作品であるから同数なのは当然といえる。

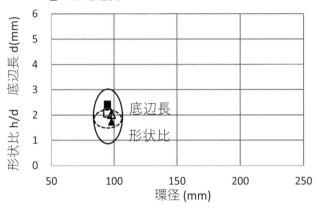

図 8-7　(325, 117)の形状比と底辺長

(325, 119)

119 湖北省呉造対置式神獣鏡（鏡径 150 ㎜）が同環である。119 は湖北省出土である。「鏡が語る古代史」によれば 200 年代前半の作品である。先の 117 と同じころである。

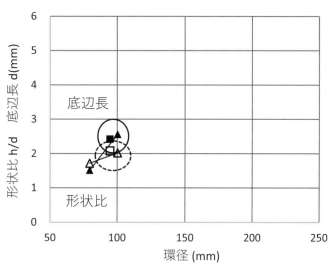

図 8-8　(325, 119)の形状比と底辺長

(325, 334)

334 西求女塚 12 号半肉彫獣帯鏡（鏡径 142 ㎜）が同環である。334 は
169 名工杜氏所造盤龍鏡と同環であるので、中国鏡と考えられる。そ
れと同環の 325 は中国鏡と考えられる。

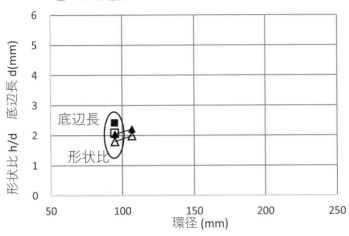

図 8-9 （325, 334）の形状比と底辺長

(325, 369)

369 黒塚棺内画文帯神獣鏡（鏡径 135 ㎜）が同環である。325 も 369
も中国製の画文帯神獣鏡である。

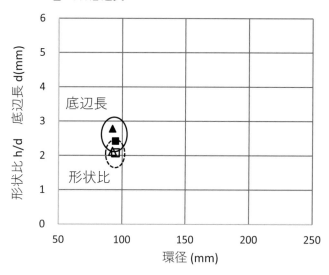

図 8-10 （325, 369)の形状比と底辺長

325 は三角縁神獣鏡に同環鏡はない。同環・同数鏡も中国出土鏡が多い。湖北省出土の 119 **呉造**対置式神獣鏡が同環である。この鏡は岡村秀典：「鏡が語る古代史」　p167 で 200 年代前半頃の鏡と考えられているものである。325 はこの頃の中国鏡であろう。

325 と同環の 160 京都百々ケ池古墳出土鏡も中国製と考えられる。

8.4 336 黒塚 1 号張是作銘三角縁銘帯 6 神 4 獣鏡の

同環鏡

今までの同環鏡探索の通し番号 335 までのデータベースに、黒塚鏡 34 面を加えた通し番号 369 までのデータベースから、黒塚鏡の同環鏡を探索した。無作為に選んだ黒塚 1 号鏡（当方通し番号 336）の同環鏡を以下に示す。

336 黒塚 1 号**張是作銘**三角縁銘帯 6 神 4 獣鏡（鏡径 229 ㎜）の同環鏡と同数鏡 33 面をまとめて下表に示した。

336 は張是作品となっている。張是は 211 泰始 9 年（273 年）銘鏡の作者の張氏などと同時代の作者と推定され、張氏と同時代に日本に渡来して鏡を製作したと考えられる。336 がその張是作品であることが、その同環鏡の由来と矛盾がないことを検証することとする。

張氏・張是は約 30 年前の陳是・陳氏の作風を踏襲し鋸歯文も写したと考えられる。まず、陳是作品の 318、328 から小さい環の 118 ㎜、162 ㎜の環径の鋸歯環を 336 に写しとった。118 ㎜の鋸歯環はもともと 133 や 178 に由来するものであるから、336 はそれらと自動的に同環となる。

環径 171 ㎜の鋸歯環は、もともとは陳是が中国から持参した 167 城塚青盖鏡に由来するが、陳是が形状比を小さくして、72 や 247 などに使用した。

陳是はそのとき、環径 193 ㎜の鋸歯環も作り、同じく 72 や 247 に適

用した。

この 336 の作者の張是は、それらをまとめて、336 の 4 環の鋸歯環を作ったのである。したがって、多くの鏡と同環となった。また、結果的に形状比と底辺長が 4 環でほとんど同一の、言ってみれば変化のない単調な鋸歯文となっている。これは、銅鏡製作が爛熟期に入り、類似品が大量生産されるようになったことを示している。

表 8-4　336 黒塚 1 号**張是作銘**三角縁銘帯 6 神 4 獣鏡の同環鏡

336 黒塚 1 号鏡(鏡径 229 ㎜)の同環鏡(環径 193, 171, 162, 118mm)				
通し番号	略称	鏡径（ｍｍ）	同環の環径（mm）	出土地
011	前橋 三角縁 5 神 4 獣鏡	223	118	
15	椿井 M31 号 三角縁 3 神 5 獣鏡 (315 椿井 21 号と同じ)	215	118	
26	安満宮山 三角縁獣文帯 4 神 4 獣鏡	225	162	
37	岐阜長塚 三角縁獣文帯 3 神 3 獣鏡	216	162	
49	兵庫親王塚	215	162	

	三角縁獣文帯3神3獣鏡			
50	兵庫三つ塚4号 三角縁3神3獣鏡	220	162, 118	
55	神奈川大塚山 三角縁**陳氏作**4神2獣鏡	221	162, 118	
58	鳥取馬の山 三角縁3神2獣鏡	216	162	
62	山口宮の洲 三角縁波文帯盤龍鏡	244	193	
72	岡山車塚 三角縁6神6獣鏡	221	193, 171	
88	岡山車塚 **陳是作**神獣車馬鏡	260	162	
133	**北京市収集** 円圏規矩鳥文鏡	166	118	中国
155	八尾郡川 画像鏡	206	162	
165	佐賀桜馬場 方格規矩鏡	232	171	
178	**邴各庄** 方格規矩鳥文鏡	134	118	中国
188	岡山車塚（2）（57と同一）	220	118	
224	東京亀塚	208	162	

	神人歌舞画像鏡			
234	**武寧王陵鏡（1）宣子孫**銘 獣帯文鏡	232	171	韓国
240	鴨都波② 斜縁波文帯 2 神 4 獣鏡	207	171	
247	造山 1 号墳 三角縁神獣鏡	240	193, 171	
294	雪野山しん出銘 三角縁 4 神 4 獣鏡	242	162	
298	椿井大塚山 4 櫛波紋帯 4 神 4 獣鏡	221	171, 118	
299	椿井大塚山 5 櫛波紋帯 4 神 4 獣鏡 （298 と同范）	221	171, 118	
300	椿井大塚山 6 **張氏作** 4 神 4 獣鏡	238	171, 162	
318	椿井大塚山 24 **陳是作** 4 神 2 獣鏡(55,56,57 と同范)	220	162, 118	
328	西求女塚 5 号**陳是作** 三角縁 5 神 5 獣鏡	218	118	
340	黒塚 5 号 三角縁獣帯 5 神 4 獣鏡	225	118	
347	黒塚 12 号	218	全て、	

			ずれ	
	三角縁銘帯 4 神 4 獣鏡		ずれ	
350	黒塚 15 号 三角縁獣帯 4 神 4 獣鏡	222	全て、 ずれ	
355	黒塚 20 号**王氏作銘** 三角縁銘帯 4 神 4 獣鏡	223	162	
356	黒塚 21 号**張氏作銘** 三角縁銘帯 4 神 4 獣鏡	237	171, 162	
366	黒塚 31 号 三角縁銘帯 4 神 4 獣鏡	220	162	
367	黒塚 32 号**王氏作銘** 三角縁銘帯 4 神 4 獣鏡	223	162	

(336, 55)

55 神奈川大塚山**陳氏作**三角縁 4 神 2 獣鏡（鏡径 221 mm）が 2 環で同環である。336 の作者である張是はこの 55 の鋸歯文を丸写ししたのである。

201

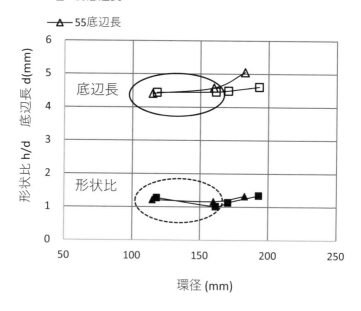

図 8-11 　（336, 55）の形状比と底辺

（336, 247）

247 造山 1 号墳三角縁神獣鏡（鏡径 240 ㎜）が 2 環で同環である。336 の作者の張是は陳是作品の 247 の第 1 環と第 2 環を丸写ししたのである。

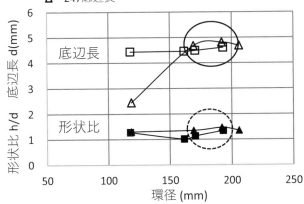

図 8-12　(336, 247)の形状比と底辺長

張氏・張是銘の鏡は椿井大塚山鏡や黒塚鏡などの大量の出土鏡のなか
に現れる。彼らは 211 泰始 9 年（273 年）銘鏡製作の後に日本に渡来
したと想像されるが、かれらは先輩の陳是・陳氏の鋸歯文を忠実に踏
襲したと考えられる。それは、陳是・陳氏が強制したか、その方が便
利だったか、であろうが、結果的に、陳是・陳氏と同じ鋸歯文を使用
した。形状比も 1 に近く均一で、規格化している。いわば、合理化し
ている。鋸歯文の意義が薄れ、青銅鏡製作も爛熟期に入ったのであろ
う。

8.5　207 雲南省晋寧石寨山昭明鏡の同環鏡

（はるか雲南省とのつながり）

最後に、著者らが感動した同環鏡の例を紹介する。

（207, 90）

雲南省という中国の奥地出土の鏡 207 雲南省晋寧石寨山昭明鏡（鏡径 150 ㎜）と香川県出土の 90 香川猫塚吾作銘 4 獣鏡（鏡径 140 ㎜）が同環なのである。

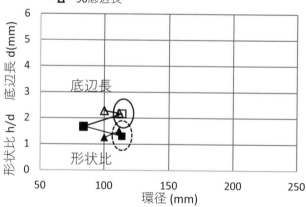

図 8-13　（207, 90）の形状比と底辺長

(207, 90, 210)

210 河南省淇県高村泰始 9 年（273 年）銘鏡の同環鏡の調査で分かったことであるが、90 香川猫塚吾作銘 4 獣鏡は 210 とも同環である。すなわち 90 を介して、207 と 210 の鋸歯文同士がつながっているのである。雲南省、河南省、そして香川県の連携である。

3 者の同環関係を図示すると、下図のようになる。90 が二つの中国鏡 210 と 207 を繋いでいるのである。

これらの鏡は河南省で作られ、一つは地元に残り、一つははるか雲南省に行き、もう一つは、これまたはるか日本に行ったのである。当時の交易の広さがうかがえる。そして、そんなことが分かる、この同環鏡法にひそかに感心するのである。

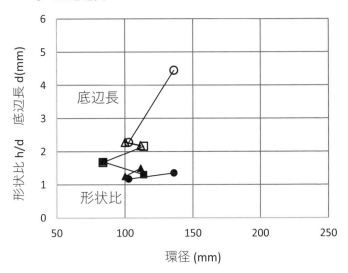

図 8-14 　(207, 90, 210)の形状比と底辺長

形状比のみを示すと下図のようである。

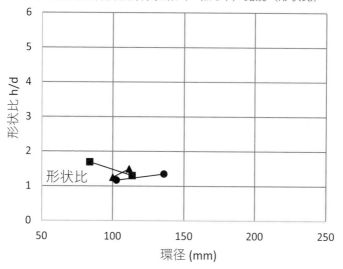

図 8-15　(207, 90, 210)の形状比

底辺長のみを示すと下図にようになる。

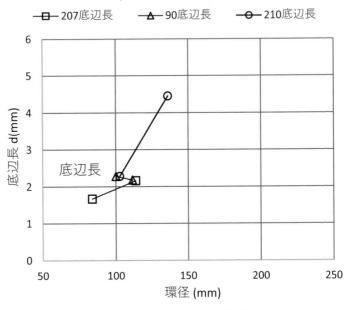

図 8-16　(207, 90, 210)の底辺長

208

以下は、鋸歯文を DNA として使って、最後は複雑な例に挑戦する。

9．武寧王陵鏡の同環鏡

韓国の百済王朝の武寧王陵から 3 面の青銅鏡が発掘されている。これらに我われの鋸歯文に理論を適用してみる。

9.1　234 武寧王陵（1）宣子孫銘獣帯文鏡

の同環鏡

「鏡の古代史」p347 に述べられているように、隅田八幡鏡は武寧王から即位前の継体天皇に贈与され、武寧王陵出土鏡は、即位後の継体天皇から返礼として贈られた鏡という。

234 武寧王陵（1）宣子孫獣帯文鏡（鏡径 232 ㎜）の同環鏡 24 面を下表に示した。

驚くほど多くの同環鏡が見つかる。

表 9-1　234 武寧王陵（1）**宣子孫**獣帯文鏡の同環鏡

234 武寧王陵（1）鏡（鏡径 232 ㎜）の同環鏡（環径 176 ㎜）			
通し番号	略称	鏡径 （ｍｍ）	同環の 環径 （ｍｍ）	出土地

11	前橋 三角縁5神4獣鏡	223		
14	新山西王母 三角縁神獣鏡	226		
28	京都大芝 三角縁2神2獣鏡	217		
29	神戸ヘボソ塚 三角縁2神2獣鏡	213		
33	静岡松林山**吾作甚獨奇**銘 三角縁2神2獣鏡	213		
39	佐賀谷口**吾作甚獨奇**銘 三角縁3神3獣鏡	210		
48	岡山鶴山丸山 三角縁3神2獣鏡	236		
54	大阪阿武山 三角縁獣文帯3神3獣鏡	221		
105	新山ダ龍鏡	272		
107	新山 変形方格規矩鏡	243		
165	佐賀桜馬場 方格規矩鏡	232		
167	岐阜城塚 **青盖**鏡	200		

198	黒塚神仙 龍虎画像鏡 （343 黒崎 8 号と同じ）	226	
216	沖ノ島 三角縁 2 神 2 獣鏡	222	
240	鴨都波② 斜縁波文帯 2 神 4 獣鏡	207	
241	鴨都波③ 斜縁波文帯 3 神 3 獣鏡	214	
283	新山ダ龍鏡（105 と同じ）	272	
290	雪野山 三角縁唐草文帯 4 神 4 獣鏡	242	
294	雪野山しん出銘 三角縁 4 神 4 獣鏡	242	
298	椿井大塚山 4 櫛波紋帯 4 神 4 獣鏡	221	
299	椿井大塚山 5 櫛波紋帯 4 神 4 獣鏡	221	
320	椿井大塚山 26 獣文帯 4 神 4 獣鏡	224	
347	黒塚 12 号 三角縁銘帯 4 神 4 獣鏡	218	
366	黒塚 31 号	220	

	三角縁銘帯 4 神 4 獣鏡			

このように韓国出土の 234 武寧王陵半肉彫獣帯鏡（武寧王陵（1）宣子孫銘獣帯文鏡）に、日本出土の同環鏡が多数見つかるのである。重要なものを以下に示す

(234, 28)

28 京都大芝三角縁 2 神 2 獣鏡（鏡径 217 ㎜）の第 1 環が 1 環の 234 韓国武寧王陵半肉彫り獣帯鏡のただ一つの環と同環である。環径と底辺長はまったく一致する。28 は 29 神戸ヘボソ塚三角縁 2 神 2 獣鏡, 30 岐阜長塚唐草文帯 2 神 2 獣鏡、31 京都長法寺唐草文帯 2 神 2 獣鏡と同笵である。このように、4 面も同笵鏡があるような鏡と 234 武寧王陵鏡が同環なのである。

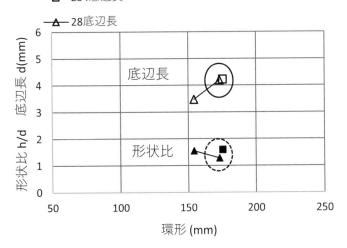

図 9-1　(234, 28)の形状比と底辺長

(234, 29)

29 神戸ヘボソ塚三角縁 2 神 2 獣鏡（鏡径 213 mm）が同環である。

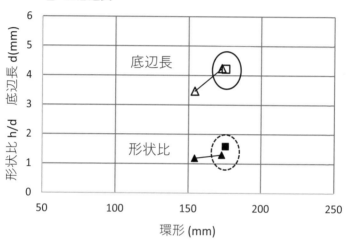

図9-2 （234, 29）の形状比と底辺長

（234, 33）

「吾作甚獨奇」銘の鏡の項で述べたように、なんと「吾作甚獨奇」銘の鏡の代表格である33松林山鏡が234武寧王陵鏡と同環なのである。33 は他の三角縁神獣鏡と同環の陳氏作品であると考えられるので、234 は陳氏作鏡と考えられる。

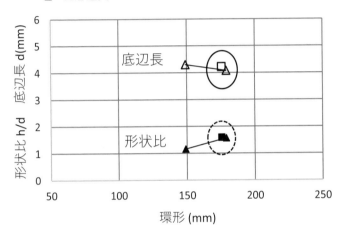

(234,33)の形状比と底辺長

■　234武寧王陵宣子孫銘獣帯文鏡（形状比）

▲　33静岡松林山吾作銘三角縁2神2獣鏡（形状比）

□　234底辺長

△　33底辺長

底辺長

形状比

図9-3　（234, 33）の形状比と底辺長

（234, 167）

167 岐阜城塚青盖鏡（鏡径203 ㎜）が同環である。

234 は 167 に図像も似ている。陳是は 234 武寧王陵鏡を、自分が持参した 167 と同環とするとともに図像も似せて、かつ大型化して作ったのである。大和朝廷は 234 が中国風であるというので、特に気に入り、手元に長く保存していたのである。そして、後世、武寧王に贈呈した。

215

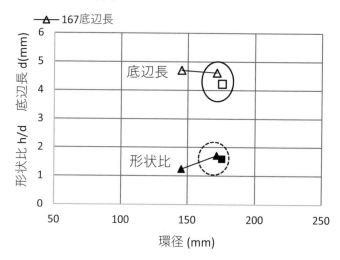

図 9-4 （234, 167)の形状比と底辺長

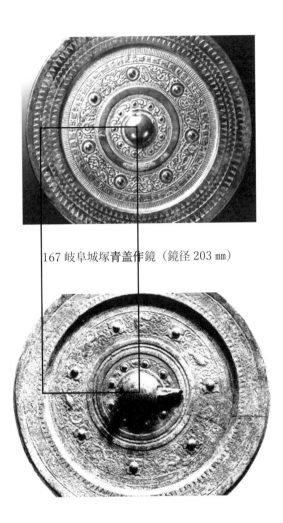

167 岐阜城塚**青盖作**鏡（鏡径 203 ㎜）

234 武寧王陵鏡（1）**宣子孫**銘獣帯文鏡（鏡径 232 ㎜）

(234, 366)

366 黒塚 31 号三角縁銘帯 4 神 4 獣鏡（鏡径 220 ㎜）が同環である。

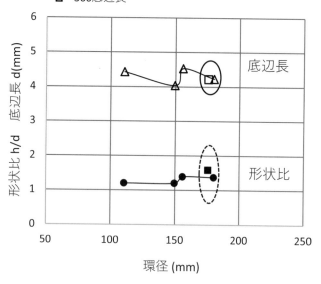

図 9-5　（234, 366）の形状比と底辺長

このように、日本出土鏡で多くの同環鏡が見つかったが、同時に234は165佐賀桜馬場方格規矩鏡、166永平7年**尚方作**獣帯鏡、167岐阜城塚**青盖作鏡**というような後漢時代の中国鏡と日本出土あるが後漢鏡と考えられる鏡と同環である。特に167岐阜城塚**青盖作鏡**と同環であるとともに、図像の構造が良く似ている。おそらく234武寧王陵鏡は167を手本として製作されたものと考えられる。**すなわち、234武寧王陵鏡（1）宣子孫銘獣帯文鏡は167城塚青盖作鏡の環径176 mmの鋸歯環を写して作られた陳是作品である。**

もう一つ考えられるのは、234自体がすでに中国製で青盖作品であることである。陳是は234を持って来日した。その鋸歯環で多くに三角縁神獣鏡を作った。一方、大和朝廷は234を貴重品として伝世し、後世の継体天皇の時代に武寧王に贈った、とも考えられる。

したがって、下図に示したように青盖作鏡や尚方作鏡と同環なのである。

（234, 166, 167）

（234,167）に166永平7年（64年）尚方作獣帯鏡を加え3鏡の形状比と底辺長を比べた。

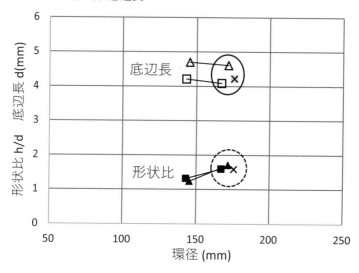

図 9-6 （166, 167, 234）の形状比と底辺長

234 は大和朝廷で伝世され、継体天皇の時代に隅田八幡鏡の返礼として撫寧王に贈られたと考えられる。

234 武寧王陵鏡には、日本国内出土の同笵鏡があることが知られている（樋口隆康　史林　1972　413−429）。それらは、野洲三上山下古墳出土の 2 面と高崎観音山古墳出土の 1 面であるが、陳是作品であれ

220

ば同笵鏡が多数あっても不思議ではない。

234 が中国鏡であれば、陳是が踏み返して、同笵鏡を作ったと考えられる。踏み返し鏡であれば、寸法が、縮んでいるはずである。

いずれにせよ、武寧王陵鏡の環径 176 ㎜の鋸歯環は、陳是たちによって、三角縁神獣鏡に多用されて、多くの同環鏡が生まれた。

9.2　235 武寧王陵（2）神獣文鏡の同環鏡

武寧王陵の 2 枚目の鏡である 235 武寧王陵（2）神獣文鏡の同環鏡 4 面を下表に示した。235 の同環鏡は少ない。

表 9-2　235 武寧王陵（2）神獣文鏡の同環鏡

235 武寧王陵（2）鏡（鏡径 178 ㎜）の同環鏡				
通し番号	略称	鏡径（ｍｍ）	同環の環径（ｍｍ）	出土地
199	黒塚 吾作徐州銘 4 神 4 獣鏡	225	130	
210	河南省淇県 泰始 9 年(273 年)銘鏡	176	130	中国
211	久保惣記念美術館蔵 泰始 9 年（273 年）銘鏡	177	130	
324	椿井大塚山 35 方格規矩 4 神鏡	184	130	

221

235 武寧王陵（2）神獣文鏡（鏡径 178 ㎜）

(235, 199)

199 黒塚吾作徐州銘 4 神 4 獣鏡（鏡径 225 ㎜）が同環である。

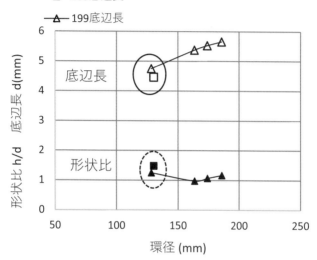

図 9-7 (235, 199)の形状比と底辺長

(235, 211)

211 久保惣記念美術館蔵泰始 9 年（273 年）銘鏡（鏡径 177 ㎜）が同
環である。211 には張氏作の銘がある。張氏は中国でこの泰始 9 年銘
鏡を作り、その後日本に渡来し、211 と同環で 235 を作った。それが
234 と同様に大和朝廷で伝世され、武寧王に贈られたのである。

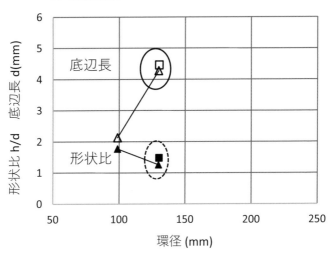

図 9-8　（235, 211）の形

(235, 324)

324 椿井大塚山 35 方格規矩 4 神鏡（鏡径 184 ㎜）が同環である。

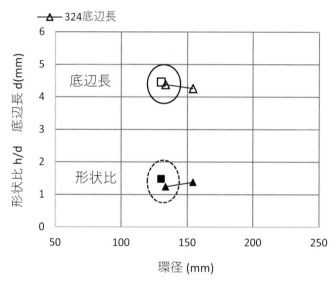

図9-9 （235, 324)の形状比と底辺長

235は張氏作の211泰始9年（273年）銘鏡と同環である。張氏は中国時代に235に倣って211泰始9年銘鏡を同環で作った。そして、それらを帯同して渡来し、235を朝廷に献上した。朝廷はそれを大事に伝世し、後世撫寧王に贈ったのではないか。

9.3 236 武寧王陵（3）獣帯文鏡の同環鏡

236 武寧王陵（3）獣帯文鏡も 235 と同様に、同環鏡は 350 面の銅鏡中に少なかった。これも、先ほどの 235 と同様に、同環鏡の少なさ(6面)で、同じ武寧王陵鏡の 234 と著しい対照をなすものである。

表 9-3　236 武寧王陵(3)獣帯文鏡の同環鏡

236 武寧王陵(3)鏡（鏡径 181 ㎜）の同環鏡（環径 142 ㎜）				
通し番号	略称	鏡径（mm）	同環の環径（ｍｍ）	出土地
166	永平 7 年（64 年）尚方作獣帯鏡	190	142	中国
296	椿井大塚山 2 吾作4 神 4 獣鏡	198	142	
297	椿井大塚山 3 吾作4 神 4 獣鏡（296 と同范）	198	142	
298	椿井大塚山 4櫛波紋帯 4 神 4 獣鏡	221	142	
331	西求女塚 8 号三角縁吾作 4 神 4 獣鏡	198	142	
358	黒塚 23 号	219	142	

	三角縁銘帯 3 神 5 獣鏡			

236 武寧王陵（3）獣帯文鏡（鏡径 181 ㎜）

主要な同環鏡を以下に示す。

(236, 166)

166 永平 7 年（64 年）尚方作獣帯鏡（鏡径 190 ㎜）が同環である。236 も大和朝廷で伝世され、前述の 2 面とともに武寧王に贈呈された。

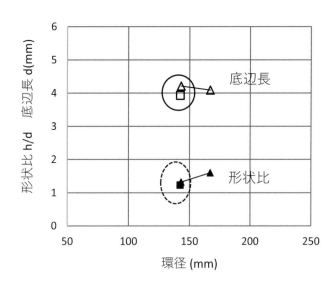

図 9-10　(236, 166)の形状比と底辺

(236, 238)

236 は、238 中平 4 年（187 年）神人神獣画像鏡（鏡径 192 mm）とは
同数鏡である。環径、底辺長はよく一致している。

(236,238)の形状比と底辺長

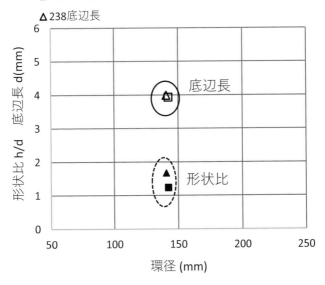

図 9-11　(236, 238)の形状比と底辺長

(236, 296)

296 椿井大塚山 2 吾作 4 神 4 獣鏡（鏡径 198 ㎜）が同環である。

(236, 296)の形状比と底辺長

■　236武寧王陵（３）獣帯文鏡（形状比）

▲　296椿井大塚山2吾作4神4獣鏡

□　236底辺長

△　296底辺長

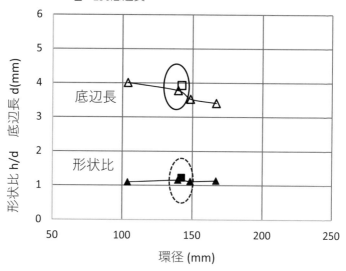

図 9-12　（236, 296)の形状比と底辺長

(236, 358)

358 黒塚 23 号三角縁 3 神 5 獣鏡（鏡径 219 mm）が同環である。236 の鋸歯環は 358 のような後の三角縁神獣鏡に使われた。

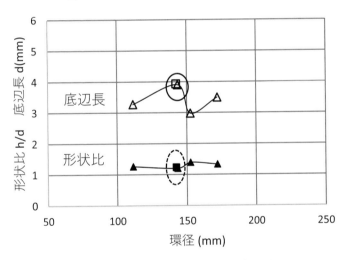

(236, 358)の形状比と底辺長

- ■ 236武寧王陵（3）獣帯文鏡（形状比）
- ▲ 358黒塚23号三角縁3神5獣鏡（形状比）
- □ 236底辺長
- △ 358底辺長

図 9-13 （236, 358)の形状比と底辺長

この環径（142 mm）は 166 永平 7 年（64 年）鏡と 238 中平 4 年（187 年）鏡の二つの紀年銘鏡に使用された由緒ある環径であることがわか

る。236 は 166 の兄弟鏡として製作された後漢鏡ではないか。乳など内区の文様は似通っている。それを陳是は日本に持参したのである。その鋸歯環で数面の三角縁神獣鏡を作った。それが 296、358 などである。この 236 武寧王陵（3）鏡は、武寧王に贈られ、最終的に朝鮮半島に収まったのである。はるか古代の旅である。

10. 稲荷山画文帯環状乳神獣鏡の同環鏡

237 稲荷山画文帯環状乳神獣鏡について、「稲荷山古墳の鉄剣を見直す」 上田正昭 大塚初重 学生社 2001 年 では次のように述べられている。

《画文帯神獣鏡の問題 p 198》

《王仲殊：埼玉稲荷山古墳の礫槨から一面の画文帯環状乳神獣鏡と呼ばれる銅鏡が出土しています。

中国では年代のもっとも早い画文帯環状乳神獣鏡は、2 世紀 60 年代の永康元年鏡と、80 年代の中平 4 年鏡であり、後漢時代の後期の鏡であります（p 198)》

永康元年（167 年）鏡、中平 4 年（187 年）鏡は当方の通し番号のそれぞれ 116、238 である。

《日本出土の画文帯環状乳神獣鏡の形式と文様が、中国江南地方で出土した大量の画文帯環状乳神獣鏡とよく類似しているから、中国の江南からの舶載鏡であると判定できます。p 198》

《この埼玉稲荷山古墳の画文帯神獣鏡の同笵鏡は、宮崎県山ノ坊古墳と群馬県観音塚古墳、千葉県大多喜古墳、三重県波切塚原古墳、藤井友郷館所蔵の福岡県京都郡出土と伝える5面がある。 p 199》

《つまり、中国の3世紀か4世紀に製作された鏡は日本に舶載されて、日本の5世紀末から6世紀末か7世紀始めにいたるまでの各古墳に副葬されていたということになります。 p 199》

《しかも、同笵鏡の多くは日本で踏み返して作ったものに過ぎないのです。 p 199》

ここで述べられている**王仲殊**氏の主張は、237 稲荷山鏡は、3，4世紀に中国で作られ、日本に舶載され、日本で踏み返して、多くの古墳に副葬されたということであろう。

237 がはたして中国製であるかを、我々の同環鏡法で検定してみることとする。

237 をおよそ 350 面の鏡全部と突き合せて、同環鏡を探索した。

237 の同環鏡(2面)と同数鏡（13面）をまとめて下表に示した。

237 は浙江出土の 213 浙江省上虞市鏡と同環である。237 は浙江省製と考えられる。329 西求女塚鏡も同じ浙江省製と考えられる。

237 稲荷山画文帯環状乳神獣鏡は 80 年代の 169 尚方名工杜氏作鏡、180 年代の 120 張氏元公作鏡、221 年の 124 武昌所作黄初2年銘鏡などの伝統を引き継いだ浙江地方の工房で、作られた鏡と考えられる。

中国の当時の銅不足をうかがわせる小径の鏡ばかりである。

表 10-1　237 稲荷山画文帯環状乳神獣鏡の同環鏡

237 稲荷山鏡（鏡径 155 ㎜）の同環鏡（環径 110 ㎜-1 環）			
通し番号	略称	鏡径（mm）	出土地
213	浙江省上虞市鏡	155	中国
329	西求女塚 6 号画文帯環状乳神獣鏡	154	

表 10-2　237 稲荷山画文帯環状乳神獣鏡の同数鏡

237 稲荷山鏡（鏡径 155 ㎜）の同数鏡（環径 110 ㎜-1 環）			
通し番号	略称	鏡径（mm）	出土地
90	香川猫塚吾作銘4 獣鏡	140	
110	岡山車塚内行花文鏡	191	
120	張氏元公環状乳神獣鏡	120	中国
124	武昌所作黄初 2 年（221 年）同向式神獣鏡	120	中国
144	神戸得能山変形画文帯同向式神獣鏡	146	
169	尚方名工杜氏所造盤龍鏡	150	中国

234

175	ホケノ山吾作銘 同向式神獣鏡	191	
187	朝日谷2号墳2号鏡	152	
206	建武5年（498年）銘 画文帯神獣鏡	242	中国
250	造山3号 墳斜縁神獣鏡	145	
260	浙江出土銅鏡31	155	中国
261	浙江出土銅鏡32	164	中国
334	西求女塚12号 半肉彫獣帯鏡	142	

(237, 120)

120 張氏元公環状乳神獣鏡（鏡径12 mm）が同数である。

237 は 120 の張氏元公の環状乳神獣鏡を参考にしていると考えられる。鋸歯環の環径も一致する。

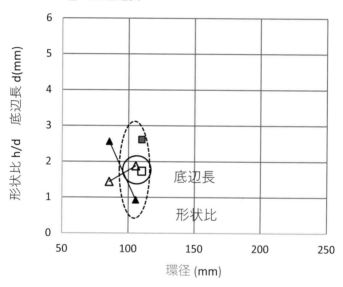

(237,120)

- ■— 237稲荷山画文帯環状乳神獣鏡（形状比）
- ▲— 120張氏元公環状乳神獣鏡（形状比）
- □— 237底辺長
- △— 120底辺長

図 10-1　(237, 120)の形状比と底辺長

大きな形状比の点でも一致するのは 213 浙江省上虞市出土鏡と 329 西求女塚 6 号画文帯環状乳神獣鏡のみである。237 稲荷山鏡は浙江省付近で作られたものであろう。

(237, 213)

213 浙江省上虞市出土鏡（鏡径 155 mm）（260 と同じ）が同環である。
鏡径も同じである。

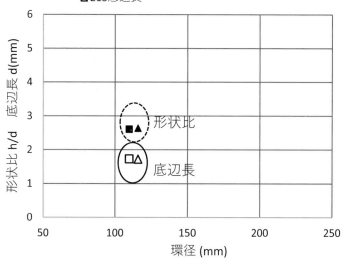

図 10-2　(237, 213)の形状比と底辺長

(237, 329)

329 西求女塚 6 号画文帯環状乳神獣鏡（鏡径 154 ㎜）が同環である。
329 は図像も 237 に似ている。浙江省からの舶載銅鏡も三角縁神獣鏡
とともに各豪族に配布されたのである。

(237, 329)の形状比と底辺長

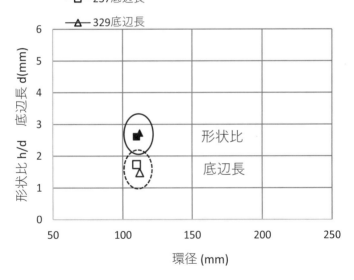

図 10-3 　(237, 329)の形状比と底辺長

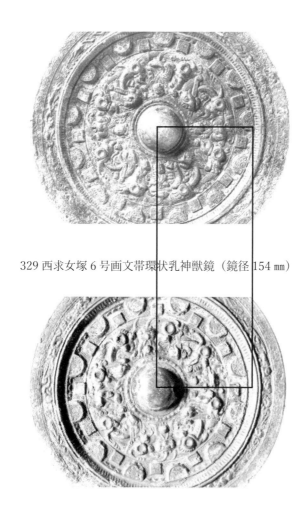

329 西求女塚 6 号画文帯環状乳神獣鏡（鏡径 154 mm）

237 稲荷山画文帯環状乳神獣鏡（鏡径 155 mm）

11. 久保惣記念美術館蔵泰始9年（273年）銘鏡の

同環鏡

久保惣記念美術館、蔵鏡図録によれば、「泰始9年張氏作」半円方格神獣文鏡、西晋時代となっている。

273年の張氏作銘がある。

211 久保惣記念美術館蔵泰始9年（273年）銘鏡（鏡径177㎜）の同環鏡7面を下表に示した。

表11-1　211 久保惣記念美術館蔵泰始9年（273年）銘鏡の同環鏡

211 泰始9年銘鏡（鏡径177㎜）の同環鏡（環径130, 99㎜）				
通し番号	略称	鏡径（mm）	同環の環径（mm）	出土地
7	京都長法寺南原 三角縁3神3獣鏡	227	130	
62	山口宮の洲 三角縁波文帯盤龍鏡	244	130	
117	九氏環状乳神獣鏡 （2世紀後半から3世紀前半）	140	99	中国
132	河北省易県「吾作甚獨奇」銘	154	130	中

				国
	方格規矩鳥文鏡			
212	**安徽省寿県**出土鏡	143	99	中 国
292	雪野山 三角縁波文帯盤龍鏡	247	130	
310	椿井大塚山 16 獣文帯 4 神 4 獣鏡	232	130	
332	西求女塚 9 号 **吾作銅出徐州**銘 三角縁 4 神 4 獣鏡	224	130	

211 は張氏により泰始 9 年（273 年）に作られた中国鏡である。出土地は分からないらしい。210 河北省淇県泰始 9 年銘鏡と同笵であるので、中国鏡であることは確かである。それが、7 や 62 などの日本出土の三角縁神獣鏡と同環である。

(211, 62)

62 山口宮の洲三角縁波文帯盤龍鏡が 211 と同環である。62 も三角縁神獣鏡である。62 は張氏の渡来後の作品である。

(211,62)の形状比と底辺長

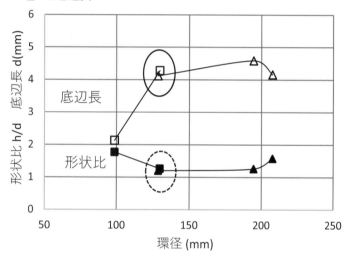

- ■ 211久保惣記念美術館蔵泰始9年（273年）銘鏡（形状比）
- ▲ 62山口宮の洲三角縁波文帯盤龍鏡（形状比）
- □ 211底辺長
- △ 62底辺長

図11-1　（211, 62)の形状比と底辺長

ここでちょっと問題が生じる。

211の第1環（環径130㎜）は陳是作品と考えられる132易県「吾作甚獨奇」銘鏡の鋸歯環を継承したかもしれないので、第1環の同環鏡が陳是作品か張氏作品か判別がむずかしくなった。

(211, 132)

132 河北易県「吾作甚獨奇」銘方格規矩鳥文鏡（鏡径 154 ㎜）は、環径は少しずれるが、211 と同環である。

132 は陳是の中国時代の鏡と筆者たちは考えている重要な鏡である。したがって、211 より古い。211 の作者の張氏は先輩の陳是への敬意などから陳是の置き土産である 132 の伝統を継いでそれを第 1 環の鋸歯環にしたのであろう。

この結果、問題が生じる。211 が 132 の鋸歯環を転用しているとすれば、陳是作鏡と張氏作鏡が似た鋸歯環を持つことになる。陳是作鏡と張氏作鏡の区別がつかないことになる。

僅かの違いは、下図に示すように 211 の環径が 132 よりやや大きいことである。したがって、とりあえずは、環径の違いで区別することにする。

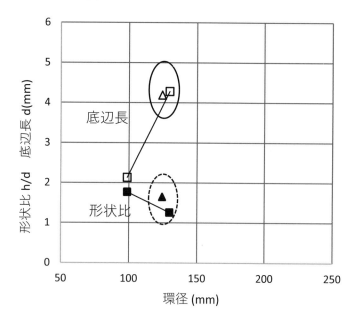

(211,132)の形状比と底辺長

- ━■━ 211久保惣記念美術館蔵泰始9年（273年）銘鏡（形状比）
- ▲ 132河北省易県吾作甚獨奇銘方格規矩鳥文鏡（形状比）
- ━□━ 211底辺長
- △ 132底辺長

図 11-2　(211, 132)の形状比と底辺長

一方、**211 の第 2 環**については、張氏は 117 九子環状乳神獣鏡, 212 安
徽省寿県出土鏡などの中国鏡の鋸歯環を踏襲した。

(211, 117)

117 九氏環状乳神獣鏡（2世紀後半から3世紀前半）が211と全く一致する同環である。

211は117を手本に作られたと考えられる。両者とも、形状比と底辺長がともに2付近に集まるという一部の中国鏡特有の特徴を有している。

(211,117)の形状比と底辺長

- ■ 211久保惣記念美術館蔵泰始9年（273年）銘鏡（形状比）

- ▲ 117九子環状乳神獣鏡（3世紀前半）（形状比）

- □ 211底辺長

- △ 117底辺長

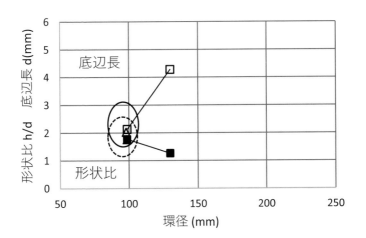

図11-3　(211, 117)の形状比と底辺長

張氏作銘の鏡は、日本出土の三角縁神獣鏡に多くある。張氏は、陳是・陳氏同様に、日本に渡来したのである。その時期は泰始9年以降であろうから、273年以降であり、陳是・陳氏の時代から30年が過ぎている。陳是・陳氏は存命であったであろうか。張氏は、陳是・陳氏の手法を忠実に踏襲した。張氏銘の鏡の鋸歯文は、環径130㎜の鋸歯環では陳是・陳氏鏡とほぼ同一である。これが、張氏鏡と陳是・陳氏鏡の区別を困難にする。130㎜の環径は用心しなければならない。

12. 建武5年銘画文帯神獣鏡の同環鏡

206建武5年銘画文帯神獣鏡には、

吾作明鏡　王吉□□　亘□昌万　□周家東　（5枚不明）太□宋国

五年建武　冊命晋侯　（一枚不明）　其師命張

の銘がある（小山　満　「建武5年鏡について」　出典不明　発表年不明）。

しかし、建武5年は沢山あり、特定されていないようである。鋸歯文は鏡のDNAである。この問題を鋸歯文の観点から検討してみる。

206建武5年銘画文帯神獣鏡（鏡径242㎜）の同環鏡10面を下表に示した。特に一致の良い鏡は通し番号を太字で示した。

表 12-1　206 建武 5 年銘画文帯神獣鏡の同環鏡

通し番号	略称	鏡径(mm)	同環の環径(mm)	出土地
206 建武 5 年銘鏡(鏡径 242 mm)の同環鏡（環径 205,156,118 mm）				
27	安満宮山 4 号**吾作**斜縁 2 神 2 獣鏡	148	118	
103	家屋文鏡	229	156	
169	尚方**名工杜氏**所造盤龍鏡（80 年代）	150	118	中国
175	ホケノ山**吾作**銘同向式神獣鏡	191	156,118	
200	奈良衛門戸丸塚画文帯神獣鏡	221	156	
207	雲南省晋寧石寨山昭明鏡	150	118	中国
208	伝ホケノ山出土鏡	153	118	
250	造山 3 号墳斜縁神獣鏡	145	118	
260	浙江出土銅鏡 31（上虞市鏡）	155	118	中国
330	西求女塚 7 号**田氏作**神人龍虎画像鏡	185	156	

247

206 は 27 安満宮山吾作銘斜縁 2 神 2 獣鏡、169 名工杜氏作鏡などと同環である。

(206, 27)

27 安満宮山吾作銘斜縁 2 神 2 獣鏡（鏡径 148 ㎜）が良い一致で同環である。27 は安満宮山出土鏡の中で、鋸歯文から中国製と推定される鏡である。

206 も 27 も一部の中国鏡に見られる図上で形状比と底辺長が 2 付近に集まる特徴を有している。両者とも中国製である。

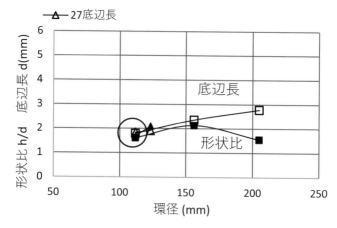

図 12-1 （206, 27）の形状比と底辺長

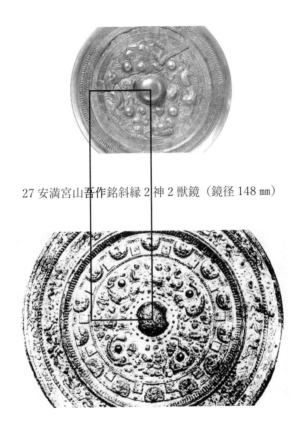

27 安満宮山吾作銘斜縁 2 神 2 獣鏡（鏡径 148 mm）

206 建武 5 年銘画文帯神獣鏡（鏡径 242 mm）

(206, 169)

169 名工杜氏所造盤龍鏡鏡は、鋸歯文が 206 とよく合致する同環鏡である。しかし、鏡径は 150 ㎜と小さい。名工杜氏は 80 年代の鏡工であるとされている（鏡が語る古代史 p93）。206 はこのデータをもとに、後に大径化したものと思われる。

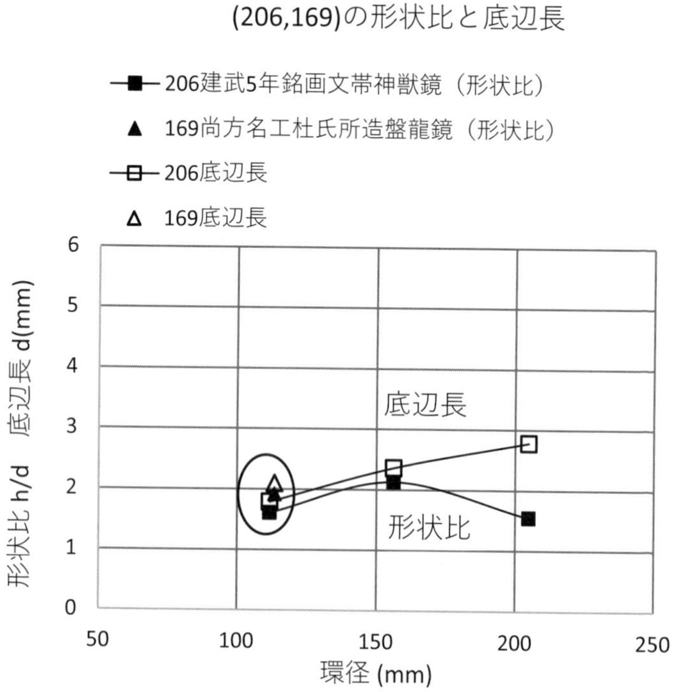

(206,169)の形状比と底辺長

- ━■━ 206建武5年銘画文帯神獣鏡（形状比）
- ▲ 169尚方名工杜氏所造盤龍鏡（形状比）
- ━□━ 206底辺長
- △ 169底辺長

図 12-2　（206, 169)の形状比と底辺長

このように、206 の鏡径は 242 ㎜と大きくこれらの鏡と異なる。206 がこれらの鏡と同時代とは考えにくい。同環・同数の 118 ㎜の環径は後世の工人が尚方名工杜氏から借用したものと考えられる。

これに対して、206 の 156 ㎜の鋸歯環は 330 から採った。

(206, 330)

330 西求女塚 7 号田氏作神人龍虎画像鏡（鏡径 185 ㎜）が同環である。

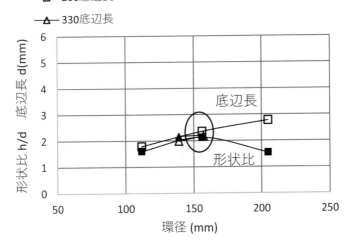

図 12-3 (206, 330)の形状比と底辺長

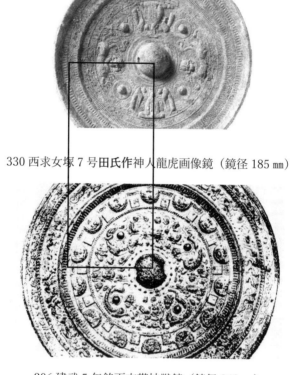

330 西求女塚 7 号**田氏作**神人龍虎画像鏡（鏡径 185 ㎜）

206 建武 5 年銘画文帯神獣鏡（鏡径 242 ㎜）

206 の 118 ㎜の環径は 169 名工杜氏鏡などの古い鏡から採った。新しい環径の 156 ㎜は 330 **田氏作**鏡と共用とした。そうすると、206 の作者は 330 の作者の田氏自身か同時代人となるのではないか。

『建武 5 年は後漢光武帝（29 年）、西晋恵帝、東晋元帝、後趙（339

年）西燕慕容忠、南斉明帝（498年）、北魏北海王の7つある、しかも5年以上続くのは、後漢（29）、後趙（339）、南斉（498年）しかない。後漢の建武5年（29）はすでに指摘されていた通り、様式上（図象のことか：著者注）難しい』（小山　満　建武5年銘鏡について p3）。小山満氏は、この論文の結論として、建武5年を後趙建武5年（339年）としているが、本論もそれと同様な結論となる。

13.　隅田八幡人物画像鏡の同環鏡

184 隅田八幡人物画像鏡については以下のように述べられている。

『この隅田八幡宮の人物画像鏡を学界に最初に紹介したのは高橋健自氏で、1914年（大正3年）のことだった。銘文の解読で、近年定説化しつつあるのは、福山敏男氏の、503年、日十大王、すなわち仁賢の在世中に、継体がすでに大和のオシサカノ宮にいた、という解釈である』（考古学その見方と解釈（下）森浩一編 p127 筑摩書房 1993）。

また503年説のうちには、銘文に見える斯麻を百済の武寧王とし、百済王から倭国王に貢献された鏡とする解釈もある（同 p129）。武寧王：百済の第25代の王。501〜523 在位（同 p129）。

一方、癸末年を443年とする説は、水野祐氏や井上光貞氏により主張されたところで、小林行雄氏の鏡についての所見がそれを補っている。私（和田　萃）も443年説をとる。

隅田八幡宮の人物画像鏡は、南朝の宋代に製作された尚方作人物画像鏡を手本として作られている。小林行雄氏は手本とされた中国鏡を出土した古墳の年代を検討して、隅田八幡宮の人物画像鏡が模倣された

時期を推測し、癸未年を 443 年としたのである（同 p 130)』さらに水野氏の説がある。

水野氏は、井上光貞「神話から歴史へ」（中央公論社 1973) にたびたび登場する。水野氏は「3 世紀より前、ツングース系の騎馬民族が九州に侵入して国を建てた。卑弥呼と戦ったと倭人伝に記されている狗奴国がそれである。この国は 4 世紀の初めになると九州を席巻した。これに対して、大和政権は九州に軍を出したが敗北した。この敗北した王が成務天皇であり、勝利を収めたのが応神天皇であった。応神はやがて大和を襲って新王朝をひらいた。」というと井上光貞氏は書いている（神話から歴史へ p 3 1 9）

さらに「神話から歴史へ」に和歌山県隅田八幡宮に所蔵されている人物画像鏡について、水野氏の説が述べられている。

「水野祐氏は、銘文を『443 年 8 月、允恭天皇がその男弟とともに皇后の忍坂宮にいたとき』と読んでいる」と言っている（神話から歴史へ p444)。

隅田八幡宮鏡は「鏡の古代史」角川選書 2019p345 にも出ている。

「『斯麻』を百済武寧王と考えた場合『癸未年』は 503 年と考えるのが妥当である。小林行雄や田中琢らが 443 年説を採っていたが、1990 年代以降の倭製鏡研究の進展から、現在では 503 年説が定説化している（鏡の古代史 p345)」。

「問題は製作地であるが、銘文の内容からも大きく列島製説と朝鮮半島（百済）製説がある」と言っている（鏡の古代史 p346)。

ここでは最新の説の癸未年、503 年説をとる。

184 の同環鏡 3 面を下表に示した。同環鏡は極めて少なかった。

184 隅田八幡人物画像鏡は 350 面の鏡中、122 龍氏画文帯神獣鏡、134 江田船山画文帯対置式神獣鏡、358 黒塚 23 号三角縁銘帯 3 神 5 獣鏡とのみ同環であった。

表 13-1　184 隅田八幡人物画像鏡（鏡径 199 ㎜）の同環鏡

184 隅田八幡鏡（鏡径 199 ㎜）の同環鏡（環径 151、139 ㎜）				
通し番号	略称	鏡径（mm）	同環の環径（mm）	出土地
122	**劉氏** 画文帯同向式鏡	180	139	中国
134	江田船山 画文帯対置式神獣鏡 （193、219 と同じ）	200	151	
358	黒塚 23 号 三角縁銘帯 3 神 5 獣鏡	219	151	

(184, 122)

122 劉氏画文帯同向式神獣鏡（鏡径 180 ㎜）が同環である。

獣帯鏡や盤龍鏡を制作していた淮派は、2 世紀になると、もっぱら画像鏡を制作するようになる（「鏡が語る古代史」p182）。「淮南龍氏」に近い鏡工に「劉氏」があり、各種の画像鏡を制作していた(同 p184)。122 はその劉氏の作である。

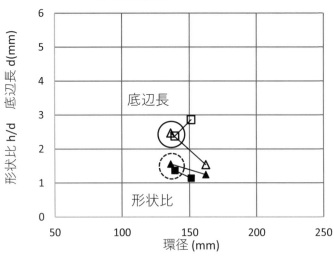

図 13-1 （184, 122）の形状比と底辺長

(184, 134)

134 江田船山画文帯対置式神獣鏡（鏡径 200 ㎜）が同環である。

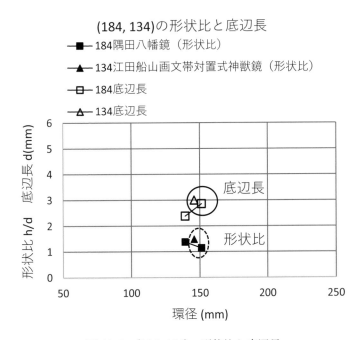

(184, 134)の形状比と底辺長

—■— 184隅田八幡鏡（形状比）

—▲— 134江田船山画文帯対置式神獣鏡（形状比）

—□— 184底辺長

—△— 134底辺長

図 13-2　(184, 134)の形状比と底辺長

前述のように 184 隅田八幡人物画像鏡は中国出土鏡の 122 龍氏画文帯神獣鏡と同環である。

劉氏とは誰であろうか。次のように説明されている。

『獣帯鏡や盤龍鏡を製作していた准派は、2 世紀になるともっぱら画像鏡を制作するようになった（鏡が語る古代史 p 182）。

「淮南龍氏」に近い鏡工に「劉氏」があり、各種の画像鏡を制作していた。

まもなく「劉氏」は同向式神獣鏡を製作する。江蘇州徐州市の個人旧蔵鏡は、径18㎝である（同上p188）。』

これがここの122である。この122が第2環同士で、184隅田八幡鏡と同環なのである。

一方、184隅田八幡鏡は、503年、百済王武寧が即位前の継体天皇の贈ったものとされている（鏡の古代史p345、347）。そこには、銘文に癸未年（503年）の年号および継体天皇と思われる「孚弟王」の名があるため、その時、作られたものと考えられる。

500年頃作られた鏡が、2，3世紀の「劉氏」作の鏡と同環なのはなぜであろうか。

184の作者は、劉氏の流れであり、伝世された122の鏡を模写して、184を作ったのではないか。図像の構成は似ているが、184は図像が平板で184とは異なり、別の作者であることが想像される。鋸歯文だけ122と134から採ったのである。

184の銘の解釈は《「癸未年八月」の「日十大王」の年に、「孚弟王」が「意紫沙加宮」に在しているときに、「斯麻」が長く仕えようと二人の「尊」を遣わしこの鏡を造らせた》とするとされている（鏡の古代史p345）。

これによれば、鏡師が百済から派遣されて日本で鏡を作ったと解釈される。

14. 陳是・陳氏とは誰か

14.1 陳是・陳氏が中国に残してきた同環鏡

最後に、もう一度、三角縁神獣鏡は誰が作ったのかという問題に戻ろう。

中国出土鏡のほとんどは三角縁神獣鏡などの日本出土鏡と同環なものはないが、陳是、陳氏が中国時代に製作したものと推定されるものは、三角縁神獣鏡と同環である。今まですでに示したが、ここで改めてまとめてみる。

三角縁神獣鏡と同環の中国出土鏡は、18 遼寧省三道壕「銅出徐州」銘方格規矩、132 河北省易県燕下都「吾作甚獨奇」銘方格規矩鳥文鏡、178 邴各庄方格規矩鳥文鏡、262 聖仏鎮円圏規矩鳥文鏡、133 北京市収集円圏規矩鳥文鏡などである。

これらの出土地は渤海湾を囲む遼寧省と河北省に集中している。日本に渡る前の陳是・陳氏はこの土地にいたと考えられる。

三角縁神獣鏡には「銅出徐州　師出洛陽」の銘があるものがあるが「洛陽」も「徐州」も近いのである。もちろん、三角縁神獣鏡に載っているこれらの銘は、三角縁神獣鏡を中国鏡に見せるための偽装である。しかし、そのとき、陳是は自分のゆかりの地を引用したのである。

例えば、邴各庄出土の 178 は日本出土の三角縁神獣鏡で陳氏銘のある 55 と同環である。178 は中国での陳氏作品であると考えられる。

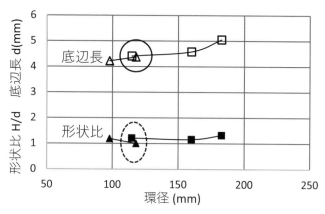

図 14-1 （55, 178）の形状比と底辺長

14.2 陳是とは誰か、陳是は顔氏であり、山東省の出身である

『中国では魏の明帝の時代青龍 3 年（235 年）に洛陽城の大規模な造営が始まった。このとき作られたのが安満宮山古墳出土の方格規矩 4 神鏡（注：通し番号 24）である。「青龍 3 年、顔氏作」銘文がある。顔氏は魯の鄒県の豪族で、作者の「顔氏」はその一族である』と、「鏡が語る古代史」p211 にある。

さらに重要な指摘がある。『この鏡は後漢前期の方格規矩 4 神鏡の文

様を忠実に模倣している』と述べられている。そうである。陳是、すなわち顔氏は、自作の中国出土鏡にも三角縁神獣鏡にも、すでに述べたように後漢鏡の特徴である大きな底辺長で緩やかな形状の鋸歯を使用している。明らかに後漢鏡の伝統を復活しているように見えるのである。

顔氏が山東省の出身であれば、そこで鏡師の修業をし、製品を残したと考えられる。それらが、18 遼寧省三道壕「銅出徐州」銘方格規矩鏡などである。下図に示すように 18 も日本出土の陳氏銘鏡と同環である。

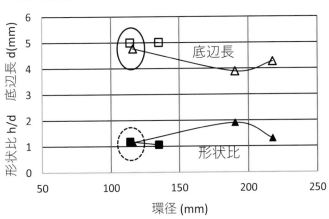

図14-2　(18, 6)の形状比と底辺長

261

これらの鋸歯文は後漢鏡に倣っており、当時の中国製の神獣鏡とは異なっている。そして、山東省に隣接する河北省や遼寧省に陳是の中国時代の鏡が残ったのである。

その後、顔氏は銅不足による製作の制約を逃れるため、日本に渡来した。24 青龍 3 年銘鏡はすでに中国で作っていたものか、渡来後日本で作ったかはわからないが、すでに、その後の陳是様式の鋸歯文を使用したのである。したがって、その後の陳是銘鏡と同環となった。日本渡来後は、陳是は陳是様式の鋸歯文で無数といえるほどの三角縁神獣鏡を製作した。

14.3　卑弥呼は大和にいなかった

陳是・陳氏銘鏡と三角縁神獣鏡が大和を中心に分布していることから陳是・陳氏が大和で三角縁神獣鏡を作ったことは明らかである、そこが邪馬台国であるかが問題である。議論が錯綜しているように見えるのは、邪馬台国の定義である。ここでは、卑弥呼がいた国が邪馬台国であるとする。遺物の豊富な先進地域が必ずしも邪馬台国ではないはずである。陳是たちが、大和で三角縁神獣鏡などを盛んに作っている頃、卑弥呼は魏に使いを出し、魏は「銅鏡 100 枚」を渡し、さらにその後、軍事使節団を送り、そこに滞在させ、卑弥呼を督励している。その軍事使節団が帰国後の報告が魏志倭人伝なのであろうが、その倭人伝には、卑弥呼の元で銅鏡が作られている報告がない。知っていても報告しないこともあるであろうが、報告するのが自然である。魏志倭人伝に記載がないのは、卑弥呼の元では鏡は作られていなかったのである。すなわち卑弥呼は大和にいなかったのである。あれほどの多

量の銅鏡を卑弥呼と同時代に作ることが出来た王朝が、魏鏡をそれほど欲しがることはないであろう。

大和王朝で銅鏡を盛んに地方に配布し始めた知らせに、卑弥呼は焦ったであろう。そのため、魏に遣使して、それとなく銅鏡を求めたのではないだろうか。魏に通交するのに便利なのは北九州の国であろう。卑弥呼は北九州にいたのである。そういう意味で、邪馬台国は北九州にあったのである。

14.4 三角縁神獣鏡はいつ作られたのか

三角縁神獣鏡がいつ作られたのかは、三角縁神獣鏡が陳是たちによって大和で量産されたのであれば、おのずと明らかになる。青龍 3 年（235 年）銘鏡が陳是作品であり、景初 3 年（239 年）銘鏡も正始元年（240 年）銘鏡も陳是作品であるから、その頃から、三角縁神獣鏡の量産が始まった。そのとき、景初から正始に年号が変わるハプニングがあった。これを遠隔地である日本にいた陳是は知らなかった。そのため、存在しない年号の景初 4 年銘鏡を作った。三角縁神獣鏡が古墳時代のもっと後に作られて、過去にさかのぼって紀年銘を入れたのであれば、実在しない紀年銘まで入れることはないであろう。

そして、三角縁神獣鏡は地方豪族の鎮撫や慰撫のために配布されたのである。したがって、それは、権威ある中国風に作った。後世の人間も中国製と信じ込むほどに中国風に作った（唯一違ったのが、本書で明らかにした鋸歯文である）。もらった方も、ほとんどは家宝として、大事にしまっていたであう。しかし、ときが経って、大和政権が安定し、鎮撫や慰撫の意味が薄れると、当時漸く流行り出した古墳を適当

な安置場所として埋葬するようになったと考えられる。したがって、3世紀前半に作られた三角縁神獣鏡がそれから大部経った古墳から発見されるのである。三角縁神獣鏡は、地方豪族の鎮撫や慰撫のために作られたものであり、葬式用の供物ではもともとないのである。三角縁神獣鏡製作年代とそれが発見される古墳の製作年代に差があるのは当然である。三角縁神獣鏡の5W1H、誰が、何を、どこで、いつ、なんのために、どうやって作ったかはこのように分かるのである。

じつは、工学を学んだ筆者らが最もわからないのは、どうやって作ったかである。鋸歯文も保存状態のいいものは、鋳物とはとても思えないほどシャープである。崩れやすい砂型であのような精密な鋳物を作ったのはまさに神業というしかない。

15.　まとめ

古代の青銅鏡にはのこぎり状の歯を円環上に並べた鋸歯文というのがある。これらの歯は二等辺三角形をしているが、大きさや形状はまちまちであるように見える。したがって、それらに傾向があることは今まで想像されていなかった。筆者たちは、単純な好奇心から、それらの形状の測定を行った。その結果、鋸歯の歯の大きさと形状に傾向があることが分かった。それは、中国出土鏡は細かい鋭い三角形であり、日本出土鏡は大きなゆるやかな三角形であるという大まかな傾向であった。

またさらに、詳細に検討すると、二つ以上の鏡で、鋸歯の三角形の乗る環の大きさが同じで、その上に乗る鋸歯の三角形が全く同じである

という例が多数あることが発見された。幾何学でいう「合同」である。

これを同環鏡と呼ぶこととした。

日本出土鏡およそ 280 面、中国出土鏡およそ 70 面について、環径、形状比、底辺長の 3 点データを測定した。

環径を横軸に採り、縦軸に形状比と底辺長を採り、1 枚の図表に表示した。それは、鏡の本質である。3 個の数値が合致することは偶然ではありえないので、これらの 3 点が一致する同環鏡は同一工人・同一工房の作品ということになる。これは予想外の驚くべきことであった。

そして、それによって紀年銘鏡、陳是銘鏡、陳氏銘鏡、「銅出徐州」銘鏡、「吾作甚獨奇」銘鏡、そしてメインの三角縁神獣鏡、謎の中国鏡などの同環鏡を探索した。

その結果、これらの鏡には、多くの同環鏡があることが発見され、その同環鏡の中に、陳氏や陳是の銘があるものがあり、それによって、元の鏡とその同環鏡全体が陳是や陳氏の作品であることが明らかになった。

鋸歯の三角形の「合同」という初等幾何学の基礎概念が数学の分野以外にも威力を発揮したのである。

その結果、多くの三角縁神獣鏡が、陳是・陳氏作品であること、中国出土の「銅出徐州」銘鏡、「吾作甚獨奇」銘鏡が中国時代の陳是・陳氏作品であること、他にも、陳是・陳氏作品の中国出土鏡があることが明らかになった。

次の問題点は、陳是・陳氏が何処でそれらを作ったかである。陳是・陳氏は中国人であろうから、中国で作ったと考えるのが、まず、第一に思いつくことである。しかし、中国に陳是・陳氏銘の鏡は発見されていない。また三角縁神獣鏡自体も発見されていない。

三角縁神獣鏡と陳是・陳氏銘鏡が発見されているのは、日本国内だけである。それも大和を中心に拡散しているように見える。

そうであれば、陳是・陳氏銘鏡は大和に渡来し、そこで三角縁神獣鏡を含むもろもろの銅鏡を作ったことになる。その時期は、陳是・陳氏銘鏡の紀年銘鏡が示しているように、景初3年（239年）とか正始元年（240年）が含まれる時期であろう。

遺された三角縁神獣鏡などは、極めて巧緻なものであるから、陳是・陳氏はベテランの鏡師であったと考えられる。彼らが、母国の中国に何も作品を残していないと考えるのは不自然である。彼らは自己の作品を残してはずである。それが、今回われわれが指摘した、中国出土の陳是・陳氏銘鏡と同環の「銅出徐州」銘鏡であり、「吾作甚獨奇」銘鏡などである。

これらの鏡はすでに、三角縁神獣鏡に似ている「特異な規矩鏡」として、注目されていた（史林2000年、p123）。しかし、決め手となる物証に乏しかったのである。

ときの大和王は、日本国内の諸侯を鎮撫するために、その道具を探していた。青銅鏡が最も威力があるとみて、中国の鏡師を招聘したのであろう。どのような誘い文句を言ったかはわからないが、日本が、銅資源が豊富であり、いくらでも大型の鏡ができるというのが殺し文句

となったのではないか。当時の魏は銅が不足して、鏡のような不用不急なものは小型化を強いられていたと考えられる。しかし、実際に、彼らが海を渡って来た経路はわからない。相当な危機的場面があったのではないか。九州には、既に強力な国が沢山あったと考えられる。それらの目をかいくぐって、鏡師を大和に連れて行ったのは、大冒険である。この大和渡来の時期は、紀年銘鏡の章で説明したように、青龍3年（235年）銘鏡がすでに陳是作品であることから、その頃と推定される。

大和に定着した陳是たちは、早速製作を開始した。そして、大和王は周囲に配り始めた。これを聞いて焦ったのは九州の諸国である。その中の一国が邪馬台国であったと筆者たちは考える。半島や大陸に近い邪馬台国の卑弥呼は、銅鏡を手に入れたいと考えたが、技術者がいないから、自作はできない。そこで、魏に使者を送って、銅鏡を求めた。それが魏志倭人伝に載っている卑弥呼の使者であろう。魏は100枚の銅鏡を下賜した。しかし、それは当時の魏鏡で、小型で、三角縁神獣鏡ではない鏡であったろうと思われる。

邪馬台国は、それらの鏡を周辺諸国に配ったが、国勢は思うように回復しなかった。魏志倭人伝では、周辺国とのトラブルで苦労している様子が描かれている。

魏の軍事顧問団が邪馬台国に滞在したが、邪馬台国が自国で銅鏡を製作していたとは報告していないようである。すなわち陳是・陳氏が銅鏡を製作していたのは、邪馬台国ではない大和にあった王国であったのである。以上が、本書の推理である。

本書で使用した多数の底辺長と鋸歯文の図は、それぞれの鏡に特有なものである。これは、モズリーの元素の特性 X 線の図に似ていると、筆者たちは思うのである。

元素に電子線を当てるとその元素特有の X 線がでる。これを特性 X 線という。これにいくつかのピークがあり、その位置によって、元素を判定できる。それがモズリーの方法である。しかし、モズリーの方法では、分かりにくい。より一般的な DNA という表現を使わせていただいた。鋸歯文は青銅鏡の DNA である。それを調べれば、その鏡の素姓がわかるのである。

16. 「同環鏡」説の余波

景初 3 年（239 年）ごろから、陳是・陳氏が、大和で、ときの大和政権の後押しで三角縁神獣鏡を大々的に作っていたとしたら、古代史全体はどうなるのであろうか。

これが実に大問題を提起するのである。

その一つが、「我が国での銅の製錬起源」の問題である。

我々は、和銅元年（708 年）ごろに秩父から和銅が献納されたため、和銅と改元され、それが日本での最初の銅製錬だと教えられてきた。それ以前、紀元前から銅鐸などの銅製品が製作されていたにも関わらずそうなっていた。これには、金属技術者である筆者の一人は、ずいぶんとがっかりさせられたものである。しかし、以上述べてきたように、陳是・陳氏などの渡来人がわざわざ日本に渡来して、銅鏡を作った、しかも当時の中国では造らなかった大型の銅鏡を作った。それは、

その当時日本が銅地金を輸入に頼っていたとすれば、ずいぶんと変な話になるのである。銅地金を輸入に頼るような国にわざわざ渡来する訳はないのである。金属材料の国産化は国の発展のための急務であるのは昔も今も変わらない。答えは簡単である。当時すでに、銅は充分国産化されていたのである。

金属製錬というのは、その原理上、充分経験論でこなせるのである。古代人は偶然その原理を発見したのである。日本人もその例外ではない。

次が「大和朝廷の誕生の話」である。

井上光貞の「神話から歴史へ p309」では次のようにのべられている。

『崇神天皇はいつごろの人であったであろうか。その一つの方法として、在位年代のほぼ確実にわかる応神天皇から世代を逆算してみることにしよう。応神の在位年代は（中略）私は 370—390 年ごろとみている。また、記紀の系譜をそのまま信用すると、応神天皇から 5 代前が崇神天皇である。してみると、一世代を 20 年として、崇神は 270－290 年ごろの人ということになるであろう p309』

また、3 世紀ごろ、大和地方に大和朝廷があったことをいう別の意見もある。

『三世紀はじめに王家が纏向遺跡を開いて大和朝廷を起こしたとき、彼らは纏向遺跡を中心とする自分たちの勢力圏を、自分たちが祀る三輪山の神に守られた地を意味する「やまと」と名づけた。この「やまと」の中には、纏向、柳本などの小地名があった。このあと王家は周辺の豪族を従えて、勢力を拡大していった。そのため、4 世紀末に大

269

和朝廷は大王を指導者とする後に「畿内」と呼ばれる大和、河内（古くは摂津、和泉を含む）、山城を合わせた範囲の豪族連合の盟主に成長した。』（「日本書紀に描かれた国譲りの真実」宝島社新書 2019 年、p175）

著者らの説もこの見解にほとんど一致する。

井上光貞氏の意見が正しければ、崇神天皇は、三角縁神獣鏡の時代のやや後の人になる。

また『記紀によると、ハツクニシラススメラミコト、つまり初めて国を統治した天皇が二人いることになる。一人はいうまでもなく第一代の神武天皇だが、もう一人は実在しない八帝のつぎにくる第十代の崇神天皇である。（同上 P298 ）』

これをみると、崇神天皇は、古代日本を再統一したように見える。一度、神武天皇が統一したが、その後再分裂して、それをもう一度統一したのが崇神天皇と考えられる。

本書で見てきたように、陳是たちが大和で盛んに三角縁神獣鏡を作っているときに、九州では邪馬臺国などの諸国が存在していたのである。大和政権は、これらの征服を図っていたと考えられる。そのため、諸国の豪族に鏡を贈って、多数派工作をしたのである。鏡の贈答作戦を行ったのが、崇神天皇その人か、あるいは、その前の「闕史八代」（同上 p295）の末ごろの天皇であろう。大和政権は、三角縁神獣鏡贈答作戦の後、九州の諸国を平定したのであろう。それが崇神天皇であったのであろう。その時期が、三角縁神獣鏡贈答作戦が行われていた 240 年代より後の 3 世紀後半で、倭の女王台与が晋に遣使したのが 266 年

であるので、それから間もなくのことであったのであろう。その時の天皇が崇神天皇であるのは先ほどの井上説とつじつまが合うのである。

それでは神武天皇はどうなるのであろうか。先ほどの「闕史八代」の天皇が実在したと考えてみよう。

西尾幹二氏は国民の歴史　産経新聞社　平成 11 年　でつぎのように述べている。

『「天皇記」が作られた推古天皇の時代に、中国伝来の讖緯（しんい）説によって初代天皇の即位を千二百六十年前におかなくてはならなかったという説は、神武天皇以下八代の架空性の証拠には全くならない。むしろ逆の説を裏付ける。実際には五、六百年程度前の初代天皇即位の年をむりに引き延ばして決めた結果、一代あたりの在位年数が不自然に延びてしまっている。このことは八代の実在をかえって証明しているともいえる。石井氏の言うように作り事なら、架空の天皇の数を増やせば、不自然な年齢にしなくてもよかったであろう。それをしなかったのは、記紀の編者が八代の天皇の記録に手を加えることをはばかったからにほかなるまい。』（同上 p164）。

この説にしたがって、8 代の天皇が実在したとして、その在位期間を井上説と同様に平均 20 年とすると、神武天皇は 110 − 120 年頃の在位となる。2 世紀の初めに日本が建国されたようにみえる。

『西暦 57 年、倭奴国は、光武帝の君臨する洛陽の都に送り、光武帝は、これに印綬を授けたのであった。』（神話から歴史へ p194）

271

その金印は北九州の博多湾の志賀島で発見された。（同上 p197）

『それからちょうど半世紀ののち、107年に後漢の安帝の代にふたたび洛陽に使者が遣わされた。』（同上 p 214）

これらの朝貢国は、日本全体のではなく、ごく小さなその一部であると考えられている。すなわち、当時は、まだ日本は統一国家ではなかったのである。そうであれば、2世紀の半ば頃、神武天皇が九州から現れ、東征を開始したとしてもおかしくない。その東征のとき、途中の豪族はパニックをきたし、自分の宝物を、隠したのである。それが、思いがけないところから出土する銅鐸や銅剣である。志賀島の金印もそうであろう。隠したのはいいが、それが秘密であったため、わからなくなってしまったのである。

そして、神武天皇は日本を統一し、大和に都を定めたのである。しかし、その政権基盤は弱く、諸侯はまた独立し始めた。特にその傾向は、出身地の九州で強かった。それが、邪馬台国などの諸国である。それを再度統一することが大和政権の悲願となったが、そのため、九州以外の諸国の豪族を味方に引き入れる必要があった。その具体的方策が三角縁神獣鏡贈答作戦であったのである。

あとがき

コロナの出現とほぼ時を同じくして始まった著者らの古代鏡の鋸歯文の研究も、コロナの進化と共に4年が経過した。

思えば、「三角縁神獣鏡の鋸歯文はなぜ正確に隙間なく並んでいるのだろうか？」「どのようにすればあれほど精密に彫れるのだろうか？」という疑問に導かれ、まずは、「鋸歯文の特性(**形と数と配置**)を数値で表そう」と思いついた。つまり、二等辺三角形の鋸歯文をその底辺の長さ：「**底辺長**」、鋸歯文の高さ(鋸歯文が乗る環の外径と内径の差の半分)を底辺長で割った値：「**形状比**」(言い換えると「鋸歯文の尖がり具合」)、最後に、鋸歯文が乗る環の配置を表す内径：「**環径**」の3つである。この3つの計測計算値を、底辺長を縦軸、環径を横軸の図と形状比を縦軸、環径を横軸の図とにそれぞれ記入する。これにより底辺長‐環径図と形状比‐環径図の2つの図中の点が、その鏡の特性を数値で表したものになる。

このあたりのことは、先に出版した『青銅鏡の鋸歯文の探求と卑弥呼の謎』で詳しく述べた。

しかし、研究はそれだけでは終わらなかった。それは、**同環鏡**という驚くべき事実に遭遇したためである。

環径を横軸に採り、縦軸に形状比と底辺長をとった図に複数の鏡のデータを記入していくと、プロット点が縦に(環径を表す横軸に垂直に)並ぶことがある。この点を持つ鏡を「環径が同じ」という意味で「**同径鏡**」と呼ぶ。さらに底辺長の点が重なることがある。これは鋸歯文

の底辺長とその鋸歯文が乗る環の環径とが互いに同じということであるから、環の上に乗っている鋸歯文の「数が同じ」ということなので、「同数鏡」と呼ぶ。さらに後者の形状比の点が重なることがある。これは互いの鋸歯文の「形が同じ(幾何でいう「合同」)」ということであるから、「同環鏡」と呼ぶ。この3種類の定義 - 同径、同数、同環 - に当てはまる鏡の発見こそが本研究のキーポイントである。

さて、見本の鏡と同径(または同数、同環)を有する鋸歯文環を新しい鏡に作り込むには、まず見本の鏡の環の内径と同じ内径の円をコンパス(当時は「規」と呼んだ)で描かなければならない。フリーハンドで真円を描くのは今でも難しい。しかも、見本の鏡を作った時は言うまでもなく、新しい鏡を作る時に用いた見本の鏡は勿論、コンパスは、当該鏡工人もしくは工房の固有の財産であり、門外不出であったと思われる。この推論が正しいとすれば、同径鏡、同数鏡、同環境を彫った工人(工房)も同一であったろうと考えて矛盾はない。

また、これまでの古代鏡の研究では、鏡の縁の形 (例えば、三角縁)や文様 (例えば、神獣) 等に注目した主観と経験を大事にする研究がほとんどであるのに対し、鋸歯文の「形と数と配置」に注目する方法を用いた研究は、筆者らが初めてであると思われる。この方法は、鋸歯文が撮影されている鏡の真正面写真と分度器と定規(精度のオーダ1 mm)があれば良い。これで客観的・定量的なデータが得られるのである。

陳是・陳氏という工人が3世紀の魏から日本に渡来した。彼らは、当時の魏の小型で細かく鋭い鋸歯環を嫌い、後漢時代の大きなゆるやかな鋸歯環を復活させた。彼らは銅資源の豊富な日本に渡り、緩やかな鋸歯で大型の三角縁神獣鏡を量産した。それらは、諸国の豪族に、慰撫のために配布された。陳是・陳氏の後、張氏・張是も渡来し、陳是・陳氏の様式を引き継ぎ、三角縁神獣鏡を量産した。これらの成果として、崇神天皇による日本統一（実は再統一であるが）がなされたのである。これらの事実を証明するのが、青銅鏡のDNAである鋸歯文である。

鋸歯文は古代の工人が後世の我々に伝えた秘密のメッセージのような気がする。自分たちの名前をひそかに後世に伝えようとしたような気がするのである。それは古代人からのひそかな暗号である気がする。後世の人間として、本書によって、その暗号を解読するという役目が果たせたとすればホッとするが、実は別の狙いがあるのである。それは、データとは何かといことである。データの時代、特に巨大データの時代といわれているが、何がデータなのかはわかっていない。鋸歯文なんかはデータではないと言えばそれでおしまいである。本書がデータとは何かという問題に一石を投じるものものとなればとも思う次第である。

2024年3月　筆者ら

古代青銅鏡の DNA ＝鋸歯文

青銅鏡に刻まれた古代人のメッセージを読み解く

2024 年 5 月 10 日　初版第一刷発行

著者　　　前義治　田岸昭宣

発行所　　ブイツーソリューション

　　　　　〒466-0848 名古屋市昭和区長戸町 4-40

　　　　　電話　　052-799-7391

　　　　　ＦＡＸ　052-799-7984

発売元　　星雲社（共同出版社・流通責任出版社）

　　　　　〒112-0005 東京都文京区水道 1-3-30

　　　　　電話　　03-3868-3275

　　　　　ＦＡＸ　03-3868-6588

印刷所　　藤原印刷